UN PORTRAIT

DE

Monsieur DEBRABANT

Fondateur de La Sainte-Union des Sacrés-Cœurs

(1801-1880)

d'après des témoignages inédits
et d'après sa correspondance inédite

PAR

le Chanoine Albert DELPLANQUE

DOCTEUR ÈS-LETTRES

PROFESSEUR A LA FACULTÉ DES LETTRES
DE L'UNIVERSITÉ CATHOLIQUE DE LILLE

LILLE
ESCLÉE, DE BROUWER & Cie
41, Rue du Metz.

UN PORTRAIT

DE

Monsieur DEBRABANT

MONSIEUR DÉBRABANT

UN PORTRAIT

DE

Monsieur DEBRABANT

Fondateur de La Sainte-Union des Sacrés-Cœurs

(1801-1880)

d'après des témoignages inédits

et d'après sa correspondance inédite

PAR

le Chanoine Albert DELPLANQUE

DOCTEUR ÈS-LETTRES

PROFESSEUR A LA FACULTÉ DES LETTRES

DE L'UNIVERSITÉ CATHOLIQUE DE LILLE

LILLE

DESCLÉE, DE BROUWER & Cie

41, Rue du Metz.

AVANT-PROPOS

L'histoire de l'abbé Jean-Baptiste
Debrabant, fondateur de La Sainte-
Union des Sacrés-Cœurs, a été racon-
tée excellemment par Monseigneur
Laveille [1]. Il n'est pas question de
la refaire en aucune de ses parties.
L'étude que nous entreprenons ne
fera pas double emploi avec ce livre.
Elle rassemblera divers traits épars
çà et là, connus, inconnus, surtout
inconnus et inédits, pour composer
une sorte de portrait de Monsieur
Debrabant d'après les autres, d'après
des témoins, des religieux, des religieuses qui l'ont vu de tout près. Surtout
elle offrira au lecteur, dans une par-

1. L'abbé Jean-Baptiste Debrabant, fondateur de
La Sainte-Union des Sacrés-Cœurs, 1801-1880, Pierre
Téqui, 82, rue Bonaparte, Paris.

tie de beaucoup la plus considérable, un choix de textes pris des écrits privés, des lettres circulaires et des lettres particulières du saint fondateur de La Sainte-Union ; elle commentera ces textes de manière à composer un portrait de Monsieur Debrabant d'après lui-même. Le lecteur aura le loisir de comparer l'un avec l'autre. Et l'étude tout entière sera une invitation à entrer en plus intime communication avec Monsieur Debrabant, en lisant le livre de Monseigneur Laveille.

I

C'est un portrait de Monsieur Debrabant,
tel que l'ont vu les témoins les plus dignes
de foi, que nous entreprenons. Ces témoins
sont pour la plupart, des religieuses. Dans
leurs témoignages, nous dirions volontiers
dans leurs dépositions, le respect le plus
profond et l'admiration la plus vive ont
leur part, mais sans nuire à leur véracité,
ni à la vérité. La critique historique la
plus sévère ne peut-elle pas, ne doit-elle
pas tenir le plus grand compte des dépositions de témoins dans un procès de canonisation ? Or, il en est des témoignages de
ces religieuses comme de ces dépositions
faites sur la foi du serment dans les causes
les plus sacrées, et la comparaison avec un
procès de canonisation n'est pas déplacée.
Elles disent ce qu'elles ont vu et entendu.
Pour aucun intérêt sur la terre, elles ne
voudraient altérer ni fausser ni même

amoindrir ou atténuer la vérité. Même en tenant compte d'un agrandissement ou embellissement inconscient, effet du respect et de l'admiration, il reste assez de vrai, un vrai assez évident pour s'imposer à l'historien.

***

« Sa taille était au-dessous de la moyenne. Il était d'une complexion robuste. Il avait le visage rond, le front large, le teint blanc, les cheveux châtains, les traits réguliers, la physionomie expressive. Les yeux vifs et perçants, tantôt pleins de feu, tantôt respirant la douceur et la modestie, inspiraient un respect mêlé de crainte. La paix, l'innocence, la beauté de son âme se reflétaient sur sa figure. Sa démarche était rapide et modeste. Ses yeux ordinairement baissés indiquaient un homme occupé à méditer de grandes choses. Son dos était un peu voûté et, arrivé à la maturité de l'âge, il avait une épaule un peu plus haute que l'autre, tellement il avait confessé du même côté dans sa sacristie. Sa voix était haute, perçante, mais agréable. Sa parole ferme et incisive portait la conviction dans tous les cœurs.

Ses gestes étaient très expressifs, surtout dans la chaleur de l'improvisation ; ses mains formaient alors un creux très marqué ». Voilà, au physique, Monsieur Debrabant. Dans cette physionomie, l'énergie domine. Nous remarquons les yeux vifs et perçants, la parole ferme et incisive, les gestes expressifs.

A la fin de l'année 1863, Monsieur Debrabant avait accompagné à Rome le R. P. Adrien Huckinson, supérieur des Bénédictins anglais de Douai, qui venait d'être nommé évêque de l'île Maurice et qui fut sacré à Rome même. « A son passage à Londres, lors de son embarquement pour son nouveau poste, Monseigneur Huckinson dit à notre communauté de Highgate-Road qu'il daignait honorer d'une dernière visite : « Vous ne sauriez croire combien votre pieux fondateur, quoique s'effaçant toujours dans son humilité, prenant partout la dernière place et s'absorbant dans la prière, était néanmoins l'objet du respect, de la considération des cardinaux, évêques et autres dignitaires de l'Église, présents à la cérémonie. Je ne le savais pas si bien connu, si hautement apprécié à Rome ». C'est le témoignage de

Dame Marie-Eugénia qu'on avait envoyée en Angleterre avant la Mère Joséphine, religieuse de talent qui savait observer et raconter. Tout simple et humble qu'il était d'apparence, il avait donc le prestige. Ce prestige n'était-il pas dû d'abord à ses grandes vertus ?

« Les vertus distinctives de La Sainte-Union, dit une autre, sont l'obéissance, la charité, la retraite, la simplicité. Excessivement simple et sans prétention, Monsieur le Directeur ne voyait en toutes choses que la gloire de Dieu. Le reste lui importait peu. Mais cette simplicité ne lui enlevait rien de son autorité. Il parlait avec le ton d'un homme habitué à commander. Son regard perçant avait quelque chose de supérieur qui inspire le respect, je dirais presque la crainte. Comme il avait eu beaucoup à lutter, on devinait en lui un lutteur disposé au besoin à briser une lance avec vous ». Et voilà, dans son portrait, un trait qui n'est pas nouveau, mais qui est mis bien en relief et en évidence : l'autorité, la hardiesse, la bravoure qui se montraient ou se peignaient dans l'énergie du regard. Homme d'autorité, hardi, même lutteur, que rien n'effraie quand il s'agit du bien : tel apparaît aussi cet homme simple et humble. La volonté, l'esprit de suite, la continuité dans l'effort furent évidemment des qualités essentielles à ce fondateur de deux ordres religieux, de tant de maisons et de couvents. L'apparence eût trompé parfois chez lui. « Il y avait en Monsieur le Directeur une certaine sévérité qui effrayait dès l'abord ; mais dès qu'on avait pénétré dans son intimité, on revenait bien vite de cette première impression ».

C'est un homme qui avait fait simplement et humblement de grandes choses pour Dieu, pour Dieu seul, non pour lui-même. « Monsieur le Directeur avait son esprit à lui, son génie à lui ; il semblait né pour créer, pour édifier, pour fonder. Aussi, dans tout ce qu'il a fait, il est toujours lui-même : il ne copie pas, il ne calque pas, il n'imite pas, il invente. Il fait une œuvre à lui. Il agit d'après ses inspirations, mais avec une unité parfaite. On reconnaît toujours l'homme de Dieu, l'homme simple, l'homme modeste qui ne cherche pas à plaire aux hommes, qui ne voit que Dieu sous le regard duquel il agit... Aussi le poids immense dont il se sent chargé imprime à sa démarche cet air grave, sérieux, et souvent soucieux que l'on observe en lui ». La rédactrice, peut-être le rédacteur de ces *Notes spéciales* s'est appliqué à ramasser, à concentrer en phrases générales tout un portrait. Sous ces phrases générales on peut mettre facilement des faits qui les justifient.

« La constitution physique et morale de notre vénéré Fondateur, lit-on ailleurs, dut être bien robuste pour résister à la somme de travail qui fut la sienne et lui permettre d'atteindre un âge aussi avancé ». « Votre fondateur est un homme prodigieux, nous disait, avec raison, un religieux éminent qui l'avait bien connu ». On eût dit sa préparation insuffisante, et pourtant voyez. « Il se mit résolument à l'œuvre et mena tout de front : étude des principales Règles religieuses (saint Vincent de Paul, saint François de Sales, saint Ignace de Loyola), rédaction de statuts à présenter à l'Autorité civile, composition d'ouvrages clairs et méthodiques pour les divers Établissements d'instruction ; fondation des Religieuses de La Sainte-Union avec collèges, pensionnats, écoles primaires qui obtinrent l'estime du clergé et la confiance des familles : telle fut l'œuvre de Monsieur le Directeur ». La note ne parle pas des Religieuses de La Sainte-Union, l'œuvre principale de Monsieur Debrabant ; elle ne parle que de ce que Monsieur Debrabant a ajouté à cette œuvre si grande ; elle a été évidemment rédigée par un religieux.

Il avait « une belle voix de soprano et l'oreille très délicate ». « C'était un charme véritable et une réelle édification de l'entendre chanter l'« O quam suavis est ! » avec sa voix si douce, si harmonieuse ! »

Ce fondateur d'ordre, architecte, bâtisseur, organisateur, économe, avait en très haute estime l'esprit d'ordre. « L'ordre conduit à Dieu », disait-il souvent. Il aimait, disent encore les pieuses rédactrices de ces notes, à répéter ces deux maximes : « Chaque chose à son temps » et « Une place pour chaque chose et chaque chose à sa place ». Il tenait dans un ordre parfait ses papiers, livres, objets divers, et ne souffrait pas qu'on les dérangeât. « Cet ordre, il en donnait lui-même l'exemple par sa tenue toute seule ». Il était sur lui-même d'une propreté exquise, mais sans luxe, car il détestait tout ce qui sentait l'ostentation. Il voulait que ses religieux fussent propres *« comme les officiers de l'armée qu'il rencontrait souvent sur son passage,* c'était son expression ». Et nous aimons cette fière expression.

L'esprit d'économie est tout voisin de cet esprit d'ordre, si ce n'est pas la même chose. « Au début de la Congrégation, toutes les Supérieures et Directrices étaient jeunes et sans expérience ; c'est pourquoi, dans ses conférences annuelles, à l'époque des retraites, il entrait dans les plus minutieux détails pour ce qui regarde la bonne administration d'une maison au point de vue de l'entretien, de la gestion des finances, de la direction du ménage. Que de fois nous sommes restées stupéfaites, en écoutant ce bon Père qui ne dédaignait pas de nous expliquer ou de nous faire expliquer comment on fait une bonne soupe, etc. ! Rien ne lui semblait minutieux quand il s'agissait de conserver la santé des sœurs, d'assurer l'ordre et l'économie de nos maisons. Il s'ingéniait à nous faire comprendre par ses paternelles leçons comment nous devions allier la véritable pauvreté religieuse à l'esprit d'ordre et d'économie, fustigeant de ses anathèmes le vice affreux de l'avarice, nous mettant en garde contre l'amour de l'épargne et contre la prodigalité... Il nous disait à ce sujet : « Ne dépensez pas un centime inutilement, mais n'hésitez pas à faire une dépense de cinq francs quand la chose est nécessaire ». Il disait d'une supérieure : « Elle coupe un sou en quatre quand il n'y a pas sujet de le dépenser entièrement, mais elle donne cinquante francs sans hésiter quand il y a lieu ». La vertu principale de La Sainte-Union étant la simplicité, il condamnait et proscrivait le luxe et toutes ses apparences. « Mais il ne reculait pas, le cas échéant, devant les dépenses nécessaires à la prospérité de son œuvre. Il disait à ce sujet : « Si un terrain ou un local sont dans une situation qui me convienne, je n'hésite pas à les payer le double de leur valeur, s'il le faut ». Encore un trait : « Comme les ressources financières étaient fort restreintes dans les commencements, Monsieur le Directeur faisait lui-même les plans de ses maisons, ou ceux des modifications à apporter aux bâtiments, afin de n'avoir pas à payer les honoraires des architectes ». Il fit un jour au sujet des finances cette sage réponse, digne d'un homme d'ordre et d'un saint : « C'est un bien qui appartient au bon Dieu ; nous n'en sommes que les économes ; nous devons en user avec une sage modération ».

Il était très éloquent. Il avait une éloquence originale et bien à lui. « Il n'avait pas le temps de préparer de grands sermons. Il parlait aux religieuses et aux élèves sous forme d'homélies ». Il parlait donc familièrement, il improvisait. Il ne cherchait pas à plaire et ne visait pas à l'effet ; il ne voulait qu'instruire, édifier, rendre meilleur. Sans s'en douter, il réalisait, dans son éloquence, l'idéal de l'éloquence de la chaire exprimé par Fénélon dans ses *Dialogues sur l'éloquence :* une longue et lente préparation antérieure, de réflexion et d'étude, une préparation immédiate courte ; les idées seulement préparées, la forme improvisée ; des homélies. La pieuse rédactrice entend ici par « homélie », non un commentaire de l'Évangile, mais un entretien familier sur tout sujet sacré. Dans ses sermons, dit-elle encore, il était « très abondant en images et en exemples ». « Il dédaignait les fleurs du beau langage et les artifices de la sagesse humaine comme indignes d'un ministre du Seigneur ». Nous le savions du reste, nous apprenons cependant que c'est son zèle de prêtre et d'apôtre qui les dédaignait plus encore que son goût ; ou plutôt, dans ce saint, le goût ne faisait qu'un avec le zèle. De son action elle dit encore : « Sa parole lucide, chaleureuse, captivait, passionnait ses auditeurs. Il avait des illuminations soudaines, des inspirations célestes, des élans sublimes, surtout dans les improvisations dictées par le zèle du salut des âmes ». Il produisait souvent, sans viser à l'effet, le plus grand effet. La rédactrice cite elle-même le témoignage d'une autre religieuse, ancienne élève du pensionnat de Douai, se rapportant à l'époque où elle était élève : « Deux sermons de notre vénéré Père, l'un sur la prière, l'autre sur la tiédeur, eurent une grande influence sur ma vie. Dans le premier, il nous représenta avec la véhémente énergie d'un nouveau saint Paul la compassion de Dieu pour l'homme, sa tendresse, sa miséricorde...; d'autre

IV. — Un portrait de M. Debrabant.   2

part, il rappela que Dieu doit être notre guide, notre lumière, notre appui... Son sermon sur la tiédeur nous glaça d'effroi. Les expressions énergiques de notre bon Père, le jeu de sa physionomie nous représentaient si vivement le dégoût qui soulève le cœur de Dieu à la vue d'une âme tiède que nous étions plongées dans la consternation, au point que nous pensions toutes avoir les deux pieds dans l'enfer. Notre bon Père, qui s'aperçut sans doute de nos regrets et de notre effroi, finit son instruction par ces mots : « Mes chères enfants, en terminant, je dois vous dire que celles qui se croient tièdes ne le sont pas ». A ces mots, nos cœurs oppressés éprouvèrent un soulagement indéfinissable, des ruisseaux de larmes coulaient de nos yeux... » — « Quand il nous parlait de cette dernière vertu (la charité), dit une autre, ses exhortations étaient si touchantes, si persuasives, qu'il était impossible de résister à l'onction qui les imprégnait. »

Lui qui a tant recommandé la simplicité en a donné le premier l'exemple, l'a pratiquée d'abord en perfection. La Mère Eulalie, témoin, juge, de qualité excellente et exquise, dit dans ses *Mémoires*, parlant de Monsieur Debrabant : « Nous pouvons dire à sa louange que, s'il établit la Congrégation sur l'esprit de simplicité, de détachement et d'abnégation, il donna le premier l'exemple de ces vertus. En effet, soit à Douai, comme vicaire, ensuite à la cure de Vred, puis à La Tombe, et enfin, revenu à Douai, comme fondateur et supérieur de notre chère Congrégation, toujours on le vit prendre pour lui ce qu'il y avait de plus simple, de moins accommodant, pour le logement comme pour le reste. Et, quand il prit une maison un peu plus convenable, ce fut parce que la gloire de Dieu le demandait, vu l'accroissement que prenait la Congrégation et la prospérité de la Maison-Mère. Cette maison de la rue des Malvaux était convenable et assez grande, ce qui permit d'y recevoir dignement Monseigneur l'Archevêque. En effet, peu de temps après son élévation au siège de Cambrai, Monseigneur Régnier prévint Monsieur le Directeur qu'il prendrait son logement chez lui, chaque fois que les nécessités du ministère pastoral l'amèneraient à Douai ». Le moindre luxe dans le mobilier lui faisait horreur. Une religieuse raconte : « Ayant été chargée de préparer une chambre pour notre bon Père (alors que j'étais à Lille, rue Jean-sans-Peur [1]), nous avions fait choix d'un lit simple, mais convenable ». Il coûtait cinquante francs. On l'avait sous condition. « Il nous signifia énergiquement qu'il n'en voulait point en disant : « Quatre planches, quatre planches ! » Et de cinquante francs on se rabattit à quinze.

Nous avons vu déjà, dans un portrait général que traçaient de lui ses religieux et ses religieuses, qu'il avait, avec une parfaite simplicité, le prestige et le ton d'un homme habitué à commander. Il ne souffrait pas la réplique de la part de ses religieux. Il voulait qu'ils fussent modestes et humbles. Un jour, il dit à l'un d'eux qui avait l'habitude de raisonner les ordres reçus : « Frère, sachez que je ne souffre aucunement la réplique ». Ce n'est pas l'orgueil qui parlait ainsi, c'était l'autorité, c'était le devoir. Un homme si énergique, qui a eu, au plus haut degré, la constance des longs desseins, était ferme.

*
* *

---

1. C'est la maison où est maintenant le *Lycée de filles* de Lille.

Et il était bon, bon excellemment ; les deux qualités ne se contredisent pas dans un même caractère. « Il y avait en Monsieur le Directeur une certaine sévérité qui effrayait dès l'abord ; mais, dès qu'on avait pénétré dans son intimité, on revenait bien vite de cette première impression. » Il était « le bon Pasteur ». Il avait « un cœur d'or ». Une religieuse raconte : « Quand il parlait aux sœurs dans l'intimité, il les interpellait le plus souvent par ces mots : « Eh bien ! ma petite ». Ce qui ne l'empêchait pas de leur dire bien ouvertement toutes leurs vérités ». Elle rapporte encore le témoignage d'une autre religieuse, « actuellement maîtresse de novices », qui avait connu Monsieur le Directeur, alors qu'elle était élève au pensionnat de la Maison-Mère à Douai : « Je n'oublierai jamais ces mots que notre bon Père me dit après une de mes premières confessions : « Mon petit mouton, vous êtes bouffi d'orgueil. » Il lui disait tendrement une dure vérité. « Ce fut le 18 mars 1870, vers quatre heures et demie du soir, raconte encore une autre (Dame Adèle Boucourt), que j'entrai au couvent de La Sainte-Union des Sacrés-Cœurs. Notre

regrettée Mère Éléonore me reçut et me
revêtit aussitôt du costume des postu-
lantes. Comme la journée était déjà avancée, je dus me résigner à attendre le lendemain pour aller saluer notre vénéré
Fondateur. C'est donc en la belle fête de
saint Joseph que je lui fus présentée. Son
air simple et paternel me frappa tout
d'abord, et les bonnes paroles qu'il
m'adressa me mirent tout de suite à
l'aise... Aux questions que je me permis
de lui poser concernant la vie que j'allais
embrasser et la Congrégation à laquelle
je me consacrais, il me répondit : « Vous
pouvez être sûre, ma petite, que votre
vocation est bénie de Dieu... C'est lui qui
vous appelle dans La Sainte-Union des
Sacrés-Cœurs. Chaque couvent ne forme
qu'une famille dirigée par une supérieure... »
Après m'avoir bénie, il me congédia et je
fus reconduite au noviciat où je goûtai
d'abord un vrai bonheur. Mais je ne sais
ce qui se passa en moi ; au bout de quelques semaines, je fus envahie par une
profonde tristesse ; la monotonie de la
vie du noviciat était loin de satisfaire ma
nature ardente, mon imagination si vive.
Il me fallait des occupations pour conten-

ter l'une et l'autre. Dans ma désolation, j'allai m'ouvrir à notre excellent Père. « C'est de l'ouvrage qu'il vous faut, mon petit mouton ; ne vous désolez pas, vous aurez de l'ouvrage ». Le récit continue assez longtemps, plein de traits naïfs et charmants. Monsieur Debrabant y apparaît comme un homme d'une bonté touchante. On a envoyé, pour une sorte de stage, cette jeune novice à Denain. « Lors de sa première visite, j'avais par mégarde oublié de mettre mon tablier. Monsieur le Directeur s'en aperçut et m'en demanda la cause. Je me sentis toute confuse et ne sus que répondre. Voyant mon embarras, notre vénéré Père ne me gronda pas, mais il me dit, avec un ton plein d'une douce fermeté : « Ah ! ma petite, on ne peut pas changer la Règle. Si on se permettait de semblables infractions, le démon aurait beau jeu dans nos maisons. Non, non, mon petit mouton, ne faites jamais la plus petite brèche à la Règle. Les conséquences en seraient terribles ». On ne résistait guère à des exhortations ou à des admonestations faites sur ce ton. C'est le plus persuasif qui soit ; il vient du cœur pour aller au cœur.

La rédactrice de la note manuscrite où nous prenons ces traits cite à propos de Monsieur Debrabant les deux vers bien connus de Racine :

Aux petits des oiseaux il donne la pâture
Et sa bonté s'étend sur toute la nature,

et elle nous le montre étendant sa bonté jusqu'aux animaux, ces frères inférieurs, et disant ce mot, digne de saint François d'Assise : « Les animaux n'ont pas d'autres paradis que celui de la terre ; il ne faut pas le leur enlever ».

Il était bon pour les ouvriers qu'il employait. Rien d'étonnant à cela chez ce vrai prêtre, imitateur de Notre-Seigneur Jésus-Christ. Il les récompensait de leurs bons services. Il était indulgent à leurs défauts. « Lui qui recevait à sa table les plus hauts dignitaires de l'Église, entre autres le Cardinal Régnier, parlait avec la plus grande bonté aux petites gens qui venaient le trouver et les mettait tout de suite à l'aise ». Généreux, il l'était au plus haut degré, mais avec sagesse et prudence. « Un directeur d'une de ses maisons s'était dit : Il y a toujours, après le repas des pensionnaires, des restes de soupe et de pommes de terre. Si on mettait le tout dans une marmite, avec les os, etc., on aurait une bonne soupe pour les pauvres. Le lendemain quelques pauvres vinrent, puis le nombre augmenta de jour en jour, et bientôt il y en eut une quarantaine ». Monsieur Debrabant l'apprit, en fut témoin, et dit : « Non, non, je ne veux pas que cela continue. Ce n'est pas là notre mission. Qu'on donne les restes aux élèves pauvres, c'est bien ; mais rassembler ici une quantité de pauvres pour leur donner un peu de soupe, c'est leur rendre un mauvais service ». C'était le bon sens même réglant la générosité.

« De bons pères de famille, se trouvant à leur lit de mort, ayant une de leurs filles religieuse de la Congrégation, prièrent Monsieur le Directeur de se charger d'enfants tout jeunes, laissés sans ressources. Toujours le cœur du charitable père accepta généreusement ce legs d'un nouveau genre ; les petites filles étaient placées dans l'un ou l'autre de nos pensionnats et l'on trouvait moyen de faire entrer les petits garçons dans une bonne maison d'éducation ».

« Toujours sa main s'ouvrit libéralement

pour soulager l'infortune, les misères cachées de parents de religieuses ou des anciennes élèves, visitées par le malheur. Que de fois les supérieures des maisons les plus importantes reçurent de Monsieur le Directeur de ces demandes discrètes ! Ce bon Père faisait appel à leurs ressources pour obtenir des aumônes en argent, en vêtements, qu'il faisait distribuer avec prudence et charité ».

Il était bon pour ses religieuses. « Toutes celles d'entre nous qui ont connu Monsieur le Directeur ont constaté qu'en avançant en âge, il y avait dans sa bonté, dans sa douceur, quelque chose de plus onctueux, de plus suave, de plus divin. Plus il se rapprochait de son Dieu, plus il semblait en prendre les sentiments et s'identifier avec le cœur de Jésus ».

De cette bonté de cœur toujours prête et si bienfaisante, la rédactrice cite des traits émouvants et poignants. C'est quand on souffrait que cette extraordinaire sensibilité se montrait dans toute sa délicatesse. Il aurait pu dire comme saint Paul : « Qui est malade, sans que je sois malade moi-même ? » « Dans un de nos pensionnats (Bergues), une jeune sœur ayant été gravement malade, le Docteur, pour la remettre, conseilla du lait de chèvre. Peu de temps après, Monsieur le Directeur, visitant cette maison, fut tout heureux d'y trouver une belle chèvre. « Ah ! Que je suis content ! s'écria-t-il, cette bonne chèvre guérira ma petite ». Et la petite guérit et c'est elle qui, en 1915, ajoutait à tous les témoignages, en faveur de la bonté de Monsieur Debrabant, son témoignage.

« Une année, raconte une autre sœur, au mois de septembre, il parut au milieu de nous dans un état qui faisait mal à voir, et cela parce qu'on venait de lui dire que des sœurs avaient souffert du manque de nourriture pendant l'année. Alors, avec les yeux pleins de larmes et un ton de voix que nous n'oublierons jamais, il s'écria : « Vous me broyez le cœur quand vous me dites de semblables choses. Je ne veux pas que vous manquiez du nécessaire, dussé-je, pour vous venir en aide, vendre ma soutane ». Nous parlions plus haut de son éloquence. Voilà l'éloquence des actes et, qui plus est, celle des mots s'y ajoute, et rien n'est plus pathétique.

A sa bonté naturelle, la foi, la piété, le caractère sacerdotal avaient ajouté leur surcroît ; le tout était quelque chose de rare et d'exquis. C'était au tribunal de la pénitence qu'il avait tous les jours, lui qui a tant confessé, occasion de montrer dans sa plénitude cette bonté surnaturelle, rare et exquise. « Dans ses rapports avec ses religieuses, Monsieur le Directeur avait ordinairement l'air très préoccupé, grave et quelquefois un peu sévère. Mais, en confession, il se montrait très doux, cherchait à gagner les cœurs en les portant à la confiance. Il savait que ce grand acte de la vie chrétienne a quelque chose qui coûte à la nature, et, quoique sans faiblesse, il s'efforçait de le rendre moins pénible. C'est pourquoi il parlait à ses pénitents avec une extrême bonté ; aussi les enfants les plus indisciplinés le choisissaient de préférence aux autres confesseurs ; au tribunal de la pénitence, on ne trouvait en lui qu'un père très bon et très compatissant ».

Quand mourut, à cinquante-sept ans, la Mère Éléonore, la Mère Justine Lejeune, secrétaire du Conseil, finissait en ces termes la lettre circulaire par laquelle elle annonçait la triste nouvelle : « Aimons-nous bien, serrons nos rangs, entourons notre vénéré Fondateur dont la sollicitude pour nous toutes paraît plus grande que jamais. Il s'oublie, se multiplie ; il veut se montrer pour nous à la fois *père et mère* ». Dans ces deux mots *père et mère*, nous avons le résumé et comme la quintessence de la bonté de Monsieur Debrabant. Bonté, charité, désintéressement, générosité ne font qu'un.

L'humilité est le fondement même de toute vie chrétienne, à plus forte raison de toute vie religieuse. Il la recommandait. Il en donnait l'exemple. « Nous l'avons entendu dire : « Je ne prêcherai jamais sans parler de l'humilité et cela tant qu'il me restera un souffle de vie ».

Il était désintéressé de sa propre gloire. « Une religieuse lui ayant fait observer que le livre des méditations qu'il avait composé était trop sévère, il lui répondit : « Qu'on le jette au feu ! »

« Ce fut par un effet de ce même sentiment d'humilité qu'il refusa le camail de chanoine honoraire que lui offrit Monseigneur l'Archevêque de Cambrai ». Il voulut rester simple prêtre jusqu'à sa mort.

« Il aimait à servir lui-même la messe à
Monseigneur de Cambrai, lorsque Son
Éminence la disait dans la chapelle de
notre Maison-Mère ».

« Dans les réunions ecclésiastiques, il
parlait peu et se cachait en quelque sorte
derrière les plus humbles abbés. Il avait
le plus grand respect pour les prêtres ;
il leur parlait avec une déférence qui édifiait tous ceux qui en étaient les témoins.
Le plus souvent, il laissait parler les autres
et gardait le silence. Mais, quand il était
obligé de parler, on entendait alors cet
homme si simple en apparence attaquer
vigoureusement les sujets les plus grands
avec une autorité magistrale qui lui atti-
rait tous les regards et tous les res-
pects ».

Deux religieuses, les sœurs Eudoxie et
Marie-Léocadie, parlent ainsi : « L'humilité et la simplicité sont deux vertus que
notre bon Père a pratiquées avec la plus
grande perfection et dont le souvenir
reste profondément gravé dans notre
cœur. Vertus qui le faisaient passer, de
prime abord, pour un prêtre tout ordinaire ; mais, pour qui savait l'apprécier,
quelle âme noble et généreuse ! Il a fait

de grandes choses, mais sans éclat, visant toujours à la gloire de Dieu et au salut des âmes ».

****

Quelle était la piété d'un prêtre si saint ? Elle était « angélique », disent les religieuses qui ont pu voir cette vertu de tout près, et qui ont pu la bien observer, puisqu'elle est de celles qui doivent non se cacher, mais se montrer.

« Lorsqu'il disait la sainte messe, il était si absorbé en Dieu qu'on l'eût pris pour un séraphin ». Une sœur, Sylvie Jorion, raconte : « Ce fut au mois d'août 1835 que je vis pour la première fois notre vénéré Fondateur. Il avait alors trente-quatre ans : j'en avais dix-huit. Je me trouvais à l'église pour y entendre la messe, lorsque je vis sortir de la sacristie un prêtre étranger, de taille assez petite, mais qui me parut si pieux que je ne le perdis pas de vue pendant toute la durée du Saint-Sacrifice. Je ressens encore aujourd'hui, à cinquante-six ans de distance, l'impression profonde que j'éprouvai alors, en le voyant adorer la sainte Hostie au moment de la consécration. Cette messe fut pour moi le premier appel du bon Dieu à la vie religieuse ».

C'est à la sainte messe, dans l'accomplissement de l'acte le plus sacré, qu'on pouvait surtout le juger. « Nul n'a vu notre bon Père célébrer la sainte messe sans être frappé du respect, du recueillement qu'il apportait au saint autel. Il n'était ni précipité ni trop long ; son ton de voix était modéré. Il paraissait aussi pénétré de la sublimité de l'acte qu'il accomplissait que s'il eût assisté réellement au sacrifice sanglant du Calvaire. Aussi les prêtres qui le voyaient célébrer pour la première fois disaient : « C'est un ange à l'autel ».

« Il ne tolérait pas qu'on vînt le distraire pendant la préparation au Saint Sacrifice, à moins qu'il n'y eût une raison urgente ; dans ce cas, la charité l'emportait sur la dévotion ».

« Il priait beaucoup et avec un recueillement si parfait qu'il édifiait tout le monde. Levé chaque jour en même temps que la Communauté, à quatre heures et demie en été, à cinq heures en hiver, il faisait sa méditation le plus souvent à genoux » ; après quoi il allait, trois ou quatre fois par semaine, à son confessionnal et y restait jusqu'à l'heure de sa messe.

Il ne permettait pas qu'on le dérangeât pendant la récitation du Bréviaire ; il fallait attendre qu'il eût fini avant de l'aborder. Dame Virginia Desmedt, après plus de trente ans, gardait toute vive l'impression d'un *Ave Maria* qu'elle avait vu Monsieur Debrabant réciter, devant la porte d'un oratoire, dans son couvent d'Hargnies. « Cette courte prière me valut un long sermon... Aujourd'hui comme alors, je me dis : Aucun enfant ne salua jamais sa mère avec plus d'amour ».

« Lorsque vous récitez le saint office disait-il à ses religieuses, vous faites l'office des anges ». Il voulait que l'attitude fût angélique et il en donnait l'exemple.

Durant les retraites ecclésiastiques auxquelles il prenait part tous les ans comme les autres prêtres, il édifiait profondément ses confrères dans le sacerdoce. « Monsieur l'abbé Valet, ancien curé du Vieux Mesnil, nous disait que, pendant la retraite ecclésiastique à Cambrai, il aurait volontiers parlé à Monsieur Debrabant qu'il avait eu l'honneur de voir chez Monsieur le Curé d'Hargnies, mais qu'il n'avait pas osé le faire. Sur ce, nous lui répondîmes :

« Il vous aurait cependant bien accueilli ;
il est si bon ! » — « Oui, c'est vrai ; mais
il est si recueilli, si en Dieu, qu'on sent
qu'on ne peut le distraire que pour lui
parler de choses importantes ». Et, disant
cela, il se sentait encore tout pénétré de
l'impression qu'il avait éprouvée, prenait
un air grave, recueilli, parlait à voix
modérée comme s'il eût été sous les yeux
du « saint », comme il l'appelait ». Même
témoignage de la part de M. l'abbé Del-
vallée, curé de La Longueville. La sœur
Virginia Desmedt rapporte les deux témoignages.

« Ce qui m'a vivement impressionnée au
début de ma vie religieuse, raconte la sœur
Félicie Derombise, ce fut la modestie, le
recueillement de notre bon Père. Jamais
il ne regardait une religieuse en face. Il
levait rarement les yeux ».

L'esprit de foi dominait, animait toute
sa conduite. « Dans une conférence, à
l'époque des retraites annuelles, il fut
amené un jour à nous parler des épreuves
qu'il avait subies lors de la fondation de
l'Institut... Puis il ajouta : « Si un supérieur m'eût dit, à ce moment, que Dieu
n'approuvait pas mon entreprise, j'aurais

pris moi-même une torche pour mettre le feu aux divers établissements ».

« En 1855, lorsqu'on vint lui annoncer l'incendie de la maison d'Hazebrouck, il s'informa aussitôt s'il n'y avait pas eu d'accident de personnes et si le sinistre ne devait pas être attribué à l'imprudence ou à la négligence des religieuses. Étant rassuré à ce sujet, il reprit sa sérénité ordinaire et dit : « Dieu soit béni ! Qu'on aille maintenant porter des secours et des consolations à ces pauvres enfants et que rien ne nous empêche de célébrer avec allégresse la belle fête de demain (l'anniversaire de la proclamation du dogme de l'Immaculée Conception) ».

On n'arrive à penser ainsi, à parler ainsi que quand on vit de la foi, que quand on met Dieu et Jésus-Christ au-dessus de tout, que quand on est prêt à tout, pourvu que ce soit le bon plaisir ou la volonté de Dieu.

Pour lui, comme pour les saints, il n'y avait qu'un seul mal, le péché, l'offense de Dieu. En cas d'accident ou de maladie, il disait : « Il n'y a pas de mal, s'il n'y a pas de péché ». Ou : « Si le bon Dieu n'a pas été offensé, nous devons nous consoler ».

Il ne souffrait pas que l'on parlât mal des prêtres : « Parler mal de prêtres du Seigneur, disait-il, c'est attirer les malédictions du ciel sur son couvent ».

Rien ne lui semblait petit de ce qui avait un caractère sacré. Comme il avait observé que, dans son collège de La Tombe, on négligeait l'eau bénite, il dit : « Pour moi, j'en prendrais du matin au soir. Cette eau a une si grande vertu » !

Il remplissait en perfection son devoir d'état. Parfois, le voyant accablé de fatigue, on lui disait de se reposer : « Non, non, répliquait-il, nous nous reposerons en paradis ».

« Dès qu'il s'agissait de faire du bien, rien ne pouvait le retenir : fatigue, ennui, rhume, infirmité, indisposition, il bravait tout pour accomplir ce qu'il appelait son devoir et voler où la volonté de Dieu le voulait. Je ne me rappelle pas avoir jamais entendu dire : « Monsieur le Directeur est malade, il ne confessera pas ». Toujours, il était à son poste. Ses nombreuses occupations l'obligeaient à se coucher très tard. Il se levait quand même au coup de cloche de la communauté.

Une note nous donne ce détail de beaucoup de ses occupations : « Retraites, conférences, visites, circulaires, direction constante, *par lui-même*, spéciale pour chacun de ses enfants qu'il connaissait parfaitement, qu'il suivait toujours et partout, plaçant lui-même tous ses sujets, se renseignant de tout, jusqu'aux moindres choses, et cela sans minutie, avec un cœur large et rempli d'une affection vraiment paternelle pour toutes les âmes qu'il dirigeait, mais surtout pour les plus faibles ». Et encore : « Travail incessant également, pour la formation de ses filles comme institutrices, se faisant lui-même leur instituteur, leur donnant les méthodes les plus propres à assurer les progrès des élèves, rédigeant ou faisant rédiger les livres classiques, composant les règlements, lisant assidûment les comptes-rendus trimestriels de chaque maison et de chaque classe ». Et tout n'est pas dit dans cette énumération. Pensons à tant d'établissements à fonder, à tant de maisons à bâtir, à tant d'écoles à créer et à organiser, à cet Institut qui grandissait comme le grain de sénevé de l'Évangile, mais dont le progrès ou l'accroissement était pour le

saint fondateur ou semeur un accroissement énorme de sollicitude.

On devine bien que son esprit de mortification était à l'avenant de sa piété, de
son esprit de foi, de son sentiment du
devoir professionnel, de son énergie au
travail. Les religieuses ont conté ou décrit
l'extraordinaire frugalité de ses repas et
sa patience à supporter toute incommo-
dité, en particulier celle du froid. « Il lui
arrivait à certains jours de confesser des
heures entières à la chapelle par des froids
de quinze, seize, dix-sept degrés. Il ne
voulait se servir ni de bouillottes ni d'autres adoucissements. Si on lui en parlait, il
refusait en haussant les épaules ».

L'amour des âmes, le désir de gagner
des âmes à Jésus-Christ étaient ses grandes passions, s'il est vrai qu'on puisse les
distinguer et qu'elles ne soient pas une
seule et même passion, la plus noble, celle
des apôtres et des saints.

« Une année entre autres, à chaque
conférence, il nous disait : « Qu'importe
ceci ou cela ? Que me font vos succès en
telle ou telle mission ? Donnez-moi des
âmes ! Dites-moi ce que vous faites pour
les âmes. Des âmes ! des âmes ! »

Il s'attristait quand il entendait dire qu'on faisait des comparaisons de sa Congrégation avec les autres et qu'on n'avait pas pour la sienne la grande estime qu'elle méritait. Il disait : « Notre Congrégation n'est-elle pas reconnue par l'Église comme toutes les autres ? L'enseignement religieux n'est-il pas le plus grand besoin de notre époque ? Quoi de plus beau que de former à la vertu tant de jeunes âmes, qui se perdraient sans cette connaissance approfondie de la religion ? »

Dans ce cri admirable, de la plus belle éloquence : « Donnez-moi des âmes ! » et dans cette parole : « Quoi de plus beau que de former à la vertu, tant de jeunes âmes ? » nous avons tout Monsieur Debrabant, fondateur de deux congrégations, fondateur de La Sainte-Union, restaurateur de la vie chrétienne par l'enseignement au dix-neuvième siècle, nous avons tout son idéal ; il a été fondateur d'ordre pour le salut d'un très grand nombre d'âmes d'enfants, pour la régénération de la société par l'éducation chrétienne de l'enfance et pour la gloire de Dieu toujours plus grande.

« Quand il entendait parler de la pros-

périté d'une de ses maisons où la régularité n'était pas en vigueur, ce bon Père
s'écriait avec une sainte indignation :
« C'est la prospérité du diable ! » « Je
préfère, disait-il encore, voir une maison
réduite en cendres plutôt que de savoir
qu'il y règne un mauvais esprit, qu'on
sacrifie le sacré au profane ». On ne peut
pas exprimer mieux un sentiment plus pu-
rement chrétien et plus saint.

Qu'il ait aimé passionnément aussi la
vie religieuse, et la vie religieuse dans son
Institut, cela va de soi et l'on n'en sera
certes pas étonné après tout ce que nous
avons rapporté.

« Il disait : « L'âme religieuse qui observe tous les points de sa Règle non seulement garde les commandements de Dieu,
mais elle pratique encore les conseils évan-
géliques ; elle est donc assurée d'obtenir
une belle place en paradis ; avec la couronne des vierges, elle méritera celle des
martyrs ; n'est-ce pas un vrai martyre que
d'observer fidèlement sa Règle jusqu'à
sa mort ? »

Sans le leur dire, il admirait ses religieuses. On s'étonnait de le voir entre-
prendre tant de choses dispendieuses et

coûteuses. A ce fondateur de tant de maisons on disait avec quelque brutalité : « Où trouvez-vous tout cet argent ? » — « Où je le trouve ? Dans le trésor de la divine Providence qui se plaît à bénir le dévouement de nos religieuses ».

Quand il était malade, dans les dix dernières années de sa vie, le moyen sur lequel il comptait le plus pour se rétablir était, plus encore que la prière de ses religieuses, un surcroît de vertu chez elles. La Mère Éléonore écrivait le 20 décembre 1873, à toutes ses religieuses : « Notre vénéré Père me charge de vous dire qu'il compte plus sur l'efficacité de ces actes de vertu (actes des vertus de charité, de silence et de recueillement) que sur les prières qui n'en seraient pas accompagnées. Fidélité à notre sainte Règle en tous ses points, et nous pouvons espérer de conserver pendant de longues années notre vénéré Père ».

Dans ses dernières années, Dieu acheva de le purifier par la souffrance. Notre Seigneur Jésus-Christ qu'il avait tant aimé l'associa à sa croix ; aux souffrances physiques s'ajouta la torture morale, la pire des tortures, mais moyen infiniment précieux de sanctification.

Le Père Séraphin, provincial des Passionnistes de France, qu'il avait connu à Ere, près de Tournai, qui était resté son ami après avoir été son confesseur et son directeur, lui écrivait le 9 juillet 1878 : « L'état de souffrance où Dieu vous a mis n'est certainement pas agréable au vieil homme qui est en nous ; dans les desseins de Dieu pourtant, il sert à former en nous et à perfectionner l'homme nouveau, Jésus-Christ qui s'appelle dans l'Écriture : « *l'homme des douleurs* ». C'est ainsi que les plus grands saints sont allés au Ciel... Une préparation à la messe, de presque quatre heures, faite péniblement, en toussant..., est quatre fois, et plus encore, meilleure qu'une préparation faite au milieu des plus grandes douceurs du ciel ». Le Père Séraphin ne parle pas des angoisses au milieu desquelles se faisait cette préparation. Les notes nous renseignent à cet égard. Et elles nous disent aussi son admirable résignation à la volonté de Dieu.

« Un jour qu'il était pris de vomissements accompagnés de grandes douleurs causées par ses infirmités, les sœurs craignaient de le voir mourir dans cette crise ; lui, tranquille et résigné, disait : « Encore plus, Seigneur, je l'ai bien mérité ».

Dieu permit qu'il oubliât tout ce qu'il avait voulu de bien, tout ce qu'il avait fait de bien, qu'il n'évoquât plus que les difficultés humainement insurmontables qu'il avait eu à vaincre, et les contradictions et les calomnies, que son imagination grossît et amplifiât tout cela, en fît un calice d'amertume, et qu'il vît approcher le moment de la mort avec crainte, lui qui avait tant fait pour le voir approcher avec une espérance pleine de joie. Cet état dura des mois, des années même, avec des éclaircies dans ce ciel de la conscience si brumeux et si sombre. Et puis, il reconquit, pour mourir, la pleine sérénité.

Une religieuse infirmière qui le soignait, sœur Philomène, de l'ordre de Sainte-Marie, sachant qu'elle avait affaire à un saint, a eu l'idée de consigner sur un cahier certaines réflexions ou certaines prières de Monsieur Debrabant, durant sa longue et cruelle maladie. Quelques-unes sont très émouvantes.

« Le 10 janvier 1873, dans un moment fort pénible, après une oppression de deux heures. Minuit 3/4, un peu après avoir reçu la sainte communion. Il priait avec une ferveur admirable : « O misérable que je suis ! O mon Dieu ! dans l'amour avec lequel vous vous êtes donné tout entier à moi, je fais ici une profession d'amour. Recevez, ô Dieu Amour, ces mains, ces pieds, cette langue, ces yeux, tous mes sens, tout mon corps, ma volonté, ma mémoire, mon entendement, les désirs, les soupirs, les intentions et tous les mouvements de mon âme. O mon Dieu, faites-moi miséricorde, car je ne suis qu'un pauvre pécheur »... « Vraiment, il disait tout cela avec une piété si profonde que ses pensées vous pénétraient l'âme ».

« Un jour que Monsieur le Directeur souffrait beaucoup : « Si vous saviez, ma sœur, me dit-il, combien j'ai souffert pour former cette Congrégation ! Mais j'espère que c'est l'œuvre du bon Dieu et je me propose, si Dieu m'en fait la grâce, de donner encore des instructions sur la Règle... » C'est son grand souci, son noble souci toujours. Ses souffrances physiques passent après.

« Le 28 octobre 1875, comme Monsieur le Directeur priait plus encore qu'il ne le fait ordinairement, je lui dis : Comme vous fatiguez les oreilles du bon Dieu ! Mais que pouvez-vous toujours lui dire ? — Sœur Philomène, je demande au bon Dieu ses grâces, son amour... et surtout la vie éternelle. O mon Dieu, faites de moi tout ce que vous voudrez, car j'espère en votre grande miséricorde, quoique je tremble bien souvent quand je pense au compte que je dois un jour vous rendre ».

« Le 14 novembre, 10 heures du soir, Monsieur le Directeur dit, après m'avoir donné sa bénédiction : « Ma sœur Philomène, si les loups viennent pour confondre cette sainte Congrégation, encore une fois que la sainte volonté de Dieu soit faite, et non pas la mienne. Mon Dieu, vous savez que je la porte gravée dans mon cœur ». Un jour, au matin, pendant que Monsieur le Directeur se préparait à célébrer les saints mystères : « Quel bonheur pour moi ! me dit-il ; que je suis heureux de pouvoir m'entretenir avec le bon Dieu !» Enfin, comme Monsieur le Directeur a coutume de prier à haute voix, il reprend bientôt : « Mon Dieu, je vous demande pardon de tous les péchés de ma vie passée. Je vous ai servi avec bien de la négligence. Je n'ai jamais rien fait de bien dans ma vie ». Il se tut alors ».

« Le 16 avril 1876... Après avoir dit la messe, chose qu'il a faite fort péniblement : « Sœur Philomène, me dit-il, je souffre beaucoup ; vraiment, ce n'est pas vivre ; ma vie est un long martyre. Hélas ! Que la sainte volonté de Dieu soit faite. Après tout, nous ne sommes venus au monde que pour souffrir et gagner ainsi la vie éternelle... »

Ce journal naïf d'une bonne religieuse, du témoin qui a vu de plus près ce « long martyre », a l'avantage de nous démontrer qu'il l'a subi comme les saints. Il manquerait quelque chose d'essentiel à sa sainteté, si elle n'avait pas « ce je ne sais quoi d'achevé » que donne la souffrance supportée avec résignation et avec amour, en esprit de pénitence, d'expiation, de réparation.

II

Après avoir vu Monsieur Debrabant
dans les témoignages de ceux qui l'ont
connu et fréquenté, voyons-le dans ses
propres écrits.

Il a écrit, il a dû écrire, comme fondateur et directeur de La Sainte-Union, un
grand nombre de lettres. Durant un voyage
qu'il a fait à Rome, durant ses voyages en
Angleterre, il a écrit à la Maison-Mère,
à la Mère Éléonore. Il a écrit à M. Leclercq,
sous-directeur de La Sainte-Union, supérieur du collège de La Tombe. Beaucoup
de ses lettres ont été conservées. Il a
dirigé surtout de vive voix, en allant de
maison en maison, et, durant les retraites,
en parlant à toutes ses filles réunies. Il a
dirigé aussi par écrit. A partir de l'année
1842, plusieurs fois par an, surtout à la
nouvelle année, à la saint Jean-Baptiste,
à l'époque des retraites, il a adressé à ses

filles des « lettres circulaires ». On les a conservées toutes. Elles sont au nombre de cinquante-cinq. Réunies et publiées elles formeraient un volume assez considérable. Dans ses lettres privées, dans ses lettres circulaires, Monsieur Debrabant, sans s'en douter, certes, se montre au naturel, tel qu'il fut vraiment, avec les rares qualités d'esprit et de cœur, la piété extraordinaire, les vertus extraordinaires qui ont fait de lui un fondateur, un directeur, un saint. Nous tâcherons de l'y retrouver ou de l'y revoir. Ce sera pour nous un charme plein d'édification.

Faisons-nous d'abord une juste idée de ces lettres, des lettres particulières et des lettres circulaires.

Sauf les lettres écrites durant le voyage de Rome, la plupart des lettres particulières sont des lettres d'affaires aussi pratiques que possible. Monsieur Debrabant les écrit pour un objet ou pour plusieurs objets à la fois, et il ne traite que de cela, et il en traite jusque dans le dernier détail. L'art en est absent, ou, si l'on veut, sans aucun souci ni d'être intéressant, ni de soigner son style, l'art du rédacteur de ces lettres consiste à être bien clair, bien positif, bien pratique, bien utile, à se faire bien comprendre, quitte à revenir sur ce qu'on a dit pour appuyer, pour forcer un peu le trait, pour se faire mieux comprendre. Sans doute ces lettres n'ont pas été même relues. Monsieur Debrabant, en homme chargé de multiples affaires très lourdes, n'en a pas pris le temps.

Veut-on un exemple ? Voici une lettre à la Mère Joséphine, du 3 juin 1866.

« BIEN CHÈRE ET EXCELLENTE ENFANT,

Je pense bien que vous avez reçu le billet de 1.000 francs que je vous ai fait envoyer pour payer vos travaux. Je vous envoie avec plaisir la réponse que m'a faite le bon P. Eugène ; vous verrez avec bonheur que ce bon Père est bien désabusé par les renseignements que le P. Ignace lui a envoyés en Écosse. D'après la lettre qu'il m'écrit, il n'est pas encore à Highgate, où il croit se rendre bientôt, après les quelques affaires qui l'ont retenu. Vous voilà donc complètement rassurée ; il s'agira maintenant de regagner les sympathies de M. Dolman et M. Toursel. Le père Eugène ne me parle pas de votre messe des dimanches et fêtes parce qu'il paraît pressé : mais on voit qu'il prend à cœur votre maison et qu'il s'en occupera aussitôt qu'il sera arrivé à Londres. Ayons donc confiance et courage ; prions et espérons que tout ira bien. A quoi en sont vos travaux ? Je ne reçois plus de nouvelles de Bath. Écrivez et faites-moi donner des nouvelles et des détails. Continuez à donner des avis à ma sœur Justine pour la dignité, la gravité, la noblesse dans l'extérieur et le genre avec les sœurs et les élèves et les personnes du dehors, parents et étrangers ; pour les progrès des élèves et la popularité dans ce pays et pour entretenir la sympathie des Pères Bénédictins qui tiennent beaucoup à ces qualités extérieures citées plus haut. Établissez bien tout cela aussi chez vous, mais surtout dans ma sœur Justine à Bath, car nous ne pouvons pas la remplacer par la supérieure d'Iwuy qui est nécessaire dans cette maison. Qu'on apprenne courageusement à lire correctement et à parler l'anglais ; cela fera beaucoup de bien et donnera de la réputation à la maison. Obligez-la à parler anglais avec les sœurs, afin qu'elle puisse bientôt le faire avec ses élèves. Prescrivez les moyens que je vous ai indiqués pour vous-même et pour les progrès de vos élèves dans la langue française, sans négliger l'histoire et la géographie d'Angleterre et par-dessus tout l'arithmétique commerciale, sans oublier la *distinction* qui devra vous *distinguer* des autres pensionnats.

M. Solter a-t-il obtenu que l'agent de votre riche voisine fasse la palissade qui doit achever votre clôture ? Nos pièces et contrats sont-ils terminés ? Votre parc est-il un peu réparé ? Car il paraissait bien misérable. De nouvelles plantations seront nécessaires pour remplir les vides, en temps convenable. Si vous avez un peu arrangé le chemin du milieu, les élèves peuvent faire le tour de la grande prairie. Ce qui ne sera pas achevé se fera pendant l'hiver, ainsi que le bêchage du jardin à cultiver. Avez-vous vendu votre herbe ? Je pense que votre voisin en est amateur. Informez-vous bien du prix et mettez pour condition de faner et enlever tout de suite. Pour une vache, attendez encore ; si le lait de chèvre ne répugne pas et qu'il y en ait dans le pays, vous feriez peut-être bien de vous en procurer. S'il n'y a pas avantage, continuez à acheter votre lait. Faites d'ailleurs pour le mieux, sans jamais nuire à l'honneur et à la bonne réputation de la maison. »

Une autre lettre très longue qui a précédé celle-ci, datée du premier mai 1866, n'est remplie que de détails que nous appellerions matériels ; pas une ligne, pas un mot en huit pages qui ne soit relatif à cela, qui ne porte sur cela. « Quant aux sentiers du jardin, on les fera faire par le jardinier dans ses temps de loisir et pendant l'hiver. On élargira le sentier du milieu qui doit servir de promenade aux élèves, en enfonçant les gravois...; ce gravier sera inutile, surtout [parce] qu'il y a un drainage et du gravois qui absorberont l'humidité ; on fera la même chose au sentier du jardin légumier ; par ce moyen, vous éviterez la dépense des 2000 francs, et le jardinier sera occupé ; afin qu'il soit aussi occupé pendant les neiges et les pluies, achetez-lui une scie et un courbet ; il raccourcira le bois que vous ferez ramasser partout et mettre de côté ; il fendra les gros morceaux avec le courbet. Il brûlera un peu de ce bois pour se réchauffer pendant les froids... ; vous vous en servirez aussi pour allumer les feux et chauffer votre chaudière à la buanderie, ayant soin de conserver les braises, ne serait-ce que pour chauffer le réchaud de votre chapelle pendant l'hiver et les temps humides... *Comprenez bien tout cela* etc. etc... » Et toute la lettre est ainsi ! Rien n'est petit dans sa grande œuvre, et il le sait.

Qu'y a-t-il dans des lettres comme celles-là ? Deux choses ; du sens pratique et du dévouement, un sens pratique extraordi-

nairement avisé, un dévouement extraordinaire. Cela nous suffit. Ces lettres sont
belles de cette beauté-là. Elle a pour nous
un très grand prix.

Les lettres circulaires ne sont pas, à
proprement parler, des lettres de doctrine.
Ce sont des exhortations. Monsieur Debrabant prend prétexte d'une circonstance,
presque toujours la même, la nouvelle
année, sa fête, ou la retraite, et rappelle à
ses religieuses leur vocation, leurs vœux,
leurs promesses, leurs devoirs, les vertus de
la vie religieuse, les vertus de La Sainte-
Union ; il les encourage, il les blâme, il les
loue ; il n'enseigne pas, à proprement parler : il se réservait, sans doute, d'enseigner
de vive voix dans ses sermons et ses conférences de la retraite ou dans ses visites.
Y a-t-il, dans ces lettres circulaires, un
plan bien net et rigoureusement logique ?
Non. Et il vaut mieux qu'il ne soit pas
net, précis, rigoureux. Il vaut mieux que
le rédacteur de ces lettres se réserve la
faculté, la liberté d'insister, de revenir sur
un point ou un détail qui lui semble particulièrement important, puisse écourter ici,
allonger et développer là. Il y a là un
ordre sans doute, mais c'est un ordre que

nous appellerions pathétique. L'ordre pui e-
ment logique vaudrait moins. L'ordre du
cœur n'est pas celui, de la raison. Il est
plus convaincant. Il en est de ces lettres
circulaires écrites, comme des discours ou
sermons improvisés. Fénelon disait de
l'orateur idéal dont il traçait le portrait
dans ses *Dialogues sur l'éloquence* : « Ajou-
tez qu'un orateur habile et expérimenté
proportionne les choses à l'impression
qu'il voit qu'elles font sur l'auditeur ;
car il remarque fort bien ce qui entre et
ce qui n'entre pas dans l'esprit, ce qui
attire l'attention, ce qui touche les cœurs
et ce qui ne fait point ces effets. Il reprend
les mêmes choses d'une autre manière, il
les revêt d'images et de comparaisons plus
sensibles, ou bien il remonte aux principes
d'où dépendent des vérités qu'il veut persuader ; ou bien, il tâche de guérir les
passions qui empêchent ces vérités de faire
impression. Voilà le véritable art d'instruire et de persuader ». On peut dire que
c'est l'art de Monsieur Debrabant dans
ses lettres circulaires. Cet art là, le plus
pratique, est hautement estimable.

En voici une très longue, du 22 janvier
1848. Monsieur Debrabant parle d'abord

aux religieuses qui ne sont pas tout à fait exactes, qui manquent à la Règle. Puis il parle aux fidèles, aux très bonnes. « Ne pensez pas que je vous oublie, vous toutes, mes pieuses et fidèles enfants qui faites notre joie et notre consolation ». Et il les invite à prier pour leurs sœurs moins bonnes. Et il réunit ainsi à la fin du second alinéa les moins bonnes et les meilleures. Après quoi, il s'adresse à toutes. Il les engage à bien méditer, à faire bien leurs examens particuliers, à redoubler de zèle envers la Congrégation pour l'aider à s'acquitter de toutes les obligations que lui ont imposées les dépenses des dernières années, pour donner au noviciat de bons sujets, pour concilier à La Sainte-Union les familles par les enfants. Puis viennent des conseils relatifs à la bonne formation des enfants, aux devoirs des religieuses institutrices. Et la lettre circulaire se termine par une brève et pathétique péroraison : « Oh ! mes bien chères enfants, que vous avez en mains de grandes choses ! Que vous êtes appelées à de grandes destinées !... » Dans ce cadre ou ce plan très simple et très large ont trouvé place des reproches, des éloges, des encouragements, des conseils, des observations de toutes sortes ; pas un mot qui ait été inutile ; pas une exclamation, pas un cri, pas un tour pathétique, qui n'ait eu sa raison d'être, qui n'ait produit son effet, qui n'ait concouru à l'impression générale, à la persuasion, à la conviction.

Pour mieux faire comprendre encore la manière de Monsieur Debrabant dans ses lettres circulaires, citons-en une, très simple et très courte. Elle est du début de ces circulaires, la troisième en date, du 5 avril 1843. Elle a été écrite à l'occasion de la deuxième cérémonie de profession.

« Nous arrivons encore à la veille d'un grand jour, mes bien chères filles ; nous approchons d'une solennité à jamais mémorable pour La Sainte-Union. Vous pensez bien qu'à l'approche d'une cérémonie où trente-sept membres de la Congrégation doivent prononcer leurs vœux et recevoir la bénédiction du saint habit, nous venons réclamer le concours de vos prières et de vos vertus ; je dis « vertus », car vous savez, mes bien chères filles, que les prières qui ne sont pas accompagnées de vertus, ou du moins de la bonne volonté de les pratiquer à l'avenir, ne sauraient être agréables au Seigneur et ne pourraient nous obtenir les grâces dont nous avons un si pressant besoin en pareille circonstance.

Prions donc bien, mes chères filles, mais prions avec les dispositions que requièrent les qualités de religieuse et d'épouse de Jésus-Christ, c'est-à-dire promettons sincèrement au Seigneur de travailler avec ardeur à notre perfection, de déraciner ces défauts qui ont bien souvent contristé les saints Cœurs de Jésus et de Marie, nos modèles : cette opiniâtreté, cet amour-propre qui nous empêche de nous humilier à l'exemple du Sauveur ; cette susceptibilité qui ne peut supporter ce qui nous gêne, nous contrarie et nous déplaît ; cet aveuglement volontaire qui fait que nous ne nous connaissons pas nous-mêmes et que nous n'avons pas le courage de nous faire violence pour nous corriger ; ce peu de zèle et de dévouement qui nous fait souvent manquer d'ordre, d'économie et nous rend, pour ainsi dire, plus nuisibles qu'utiles à la Congrégation que Dieu protège d'une manière si providentielle. Reconnaissez donc aujourd'hui que vous avez encore à travailler sur vous-mêmes pour répondre à la grâce du bon Dieu qui peut quelquefois affliger La Sainte-Union à cause des péchés de ses enfants. Ah ! ne l'offensons plus, mes bien chères filles, travaillons à devenir de bonnes religieuses, de ferventes épouses de Jésus-Christ, de dignes enfants de Marie, par un vrai zèle, un entier dévouement ; pour cela, mettez bien en pratique les avis que je vous ai tant de fois donnés et que vous ne pouvez pas avoir oubliés.

A cette fin et pour attirer les grâces de Dieu sur la retraite, nous prierons tous ensemble ; à partir du Jeudi Saint, vous ferez tous vos exercices à cette intention et vous ajouterez chaque jour à la prière du matin et du soir le *Veni Creator* et cinq fois « Notre Père » et « Je vous salue Marie. »

Recevez, mes bien chères enfants, toute la bénédiction que je puis vous donner en Jésus et Marie ; qu'ils soient à jamais dans vos cœurs. »

Le style de ces circulaires est constamment oratoire, périodique. Les phrases sont longues ; Monsieur Debrabant ne s'est pas soucié de les rendre brèves et concises. Elles sont longues, mais claires; les idées s'y ajoutent les unes aux autres, mais sans confusion. Il procède souvent par énumération, par descriptions multiples. Quand il a écrit : « Promettons sincèrement au Seigneur de travailler avec ardeur à notre perfection, de déraciner ces défauts qui ont bien souvent contristé les saints Cœurs de Jésus et de Marie », il énumère ces défauts et les décrit en les énumérant, et il inspire à ses filles le dégoût ou la crainte de ces défauts, et il renouvelle dans le cœur de ses filles la résolution de les éviter ; la phrase est ainsi très longue, mais tous les détails en sont bien clairs, en sont utiles ou nécessaires. Il dit de certain défaut : « nous fait manquer d'ordre, d'économie » et il ajoute : « et nous rend, pour ainsi dire, plus nuisibles qu'utiles à la Congrégation que Dieu protège d'une manière si providentielle ». Ce détail : « que Dieu protège d'une manière si providentielle » était inattendu dans la phrase ; par là, il exprime sa reconnaissance envers la Providence ; par là, il éveille dans le cœur de ses filles la reconnaissance et le désir de ne pas nuire à ce que Dieu protège visiblement. Il dit : « Reconnaissez donc aujourd'hui que vous avez à travailler sur vous-mêmes pour répondre à la grâce du bon Dieu ». Il ajoute : « qui peut quelquefois affliger La Sainte-Union à cause des péchés de ses enfants ». Cela est une autre idée, très différente de celles qu'il était en train d'exprimer. Mais cette idée est utile ; elle fera dire à ses filles : Évitons ces péchés qui pourraient éloigner de La Sainte-Union la grâce et la bénédiction de Dieu. Qu'importe l'ordre logique et rigoureux, si en y manquant, en ayant l'air d'y manquer au moins, on éveille plus de sentiments, plus de bons désirs, plus de résolutions de bien faire, de mieux faire, on rend ces lettres circulaires plus touchantes, plus persuasives, plus convaincantes, plus édifiantes !

***

« La vraie éloquence se moque de l'éloquence » dit Pascal. Souvent, sans y tâcher, Monsieur Debrabant atteint, dans ces lettres, à la « vraie éloquence ». Que faut-il pour cela ? Le cœur, le désir, la passion de convaincre, un bel idéal que l'on porte dans son esprit, une flamme que l'on a dans le cœur et que l'on veut communiquer.

On a bâti la chapelle ou l'église de la Maison-Mère ; Monseigneur Régnier, archevêque de Cambrai, va la bénir. Monsieur Debrabant écrit à ses filles (24 juillet 1856). Il parle de cette église ; puis il la quitte pour passer, pour s'élever à l'église spirituelle dont les pierres vivantes et choisies sont ses chères filles, et il développe ce symbole avec une magnifique imagination : « Monseigneur l'Archevêque va venir bénir votre église dont la religieuse beauté fait l'admiration de tout le monde ; mais remarquez, mes chères enfants, que je ne vous parle de votre magnifique église que pour vous rappeler qu'elle n'est que le symbole du temple spirituel que vous devez former toutes ensemble et dont chacune de vous doit être une pierre... Une seule religieuse qui ne serait pas sainte et dont la conduite laisserait à désirer ferait donc l'effet d'une pierre calcinée et gâtée qui souillerait et déformerait tout l'édifice ».

Il leur parle du jugement de Dieu (10 août 1865). Si elles comparaissaient en ce moment devant le Souverain Juge, que remarquerait-il en elles ? » Il me semble vous voir toutes pénétrées de cette grande pensée, mes chères enfants ; il me semble même vous entendre dire : Oui, bon Père, nous voulons vous consoler une bonne fois ; nous comprenons par tout ce que vous nous dites et nous faites pour notre salut combien vous nous aimez ; non, nous ne serons pas ingrates, et, dès ce moment, nous répondrons à votre affection paternelle et à tous vos désirs ; dès ce moment, nous voulons être tout à Dieu et à nos devoirs en accomplissant exactement tous les points de notre sainte Règle et, pour vous prouver que nous vous aimons sincèrement, nous voulons vous donner la consolation de voir vous-même, par notre conduite, que nous lisons et relisons souvent notre sainte Règle ». Ce pathétique si simple dans ses moyens, si naturel, n'est-il pas de cette « vraie éloquence » dont nous parlions ?

Comment résister à des accents comme ceux-ci (2 février 1842) ? : « [Leur conduite] m'abreuve plus encore d'amertume et de chagrin. Elles ne voient pas, elles ne comprennent pas, ces pauvres enfants, le funeste état de leur âme ! Sans quoi elles rougiraient. Elles ne diront pas cependant, ces bien chères enfants, qu'elles n'ont pas été instruites, exhortées... Examinez donc bien, mes très chères enfants... »

Quel cri éloquent que celui-ci qu'il jette tout à coup au milieu d'une exhortation déjà émouvante par le zèle ardent et pur qu'elle respirait (6 décembre 1866) : « Oui, n'y en aurait-il qu'une seule parmi mes huit cents bien chères enfants [qui ne fût pas fidèle], que je laisserais les sept cent quatre-vingt-dix-neuf autres pour aller me jeter aux pieds de celle-là et la conjurer d'avoir pitié de son âme et de ne pas la précipiter en enfer en refusant de se convertir... »

Durant la guerre de 1870, son âme grande est à la hauteur des circonstances. Il est calme parmi les angoisses et les grandes douleurs patriotiques et il prêche le calme à ses filles en termes d'une éloquence admirable, parce qu'elle est l'expression toute simple des plus beaux sentiments.

Il écrit le 8 septembre 1870 : « Soyez donc calmes et tranquilles et n'écoutez que vos supérieurs. Fermez vos oreilles à tous ces bruits alarmants et n'en croyez rien ; notre divin Maître nous enseigne cela tout au long dans son Évangile ; le meilleur refuge est dans notre propre maison ; nous y avons le bon Dieu et l'église avec le Saint Sacrement ; que pouvons-nous désirer de mieux ? S'il y avait eu quelque danger, nous vous aurions prévenues ; nous ne vous aurions pas conseillé de vous réfugier ailleurs ; nous vous aurions peut-être permis de mettre provisoirement un bonnet noir et d'enlever votre voile et votre décoration et, dans les maisons nombreuses, de placer les plus jeunes chez des personnes pieuses de la localité ; mais il n'y a nullement lieu de faire cela... Prions ; nous sommes entre les mains de Dieu ».

Il écrit le 26 janvier 1871 : « Voyez tout, mes bien chères enfants, d'un œil tranquille ; vous savez que le bon Dieu ne veut en tout cela que notre bien et le salut des âmes. Toutes ces tribulations sont bien peu de chose, quand on considère l'éternité. Les gens du monde sont effrayés de ce qui arrive parce qu'ils n'y sont pas habitués ; pourquoi n'est-on pas aussi effrayé des maladies et de la mort qui ouvrent les portes de l'éternité ? C'est parce qu'on y est accoutumé et qu'on y est devenu insensible par manque de foi et de religion ».

L'expression est toujours simple et forte et parfaitement d'accord avec le sentiment. Ce calme, cette foi, cette simplicité et cette force, c'est aussi le beau littéraire pur et simple. Et Monsieur Debrabant le trouvait, y atteignait sans effort. Cette éloquence écrite est toute pareille à son éloquence parlée. C'est ainsi que parlait Monsieur Debrabant prédicateur et orateur. Est-il étonnant qu'il ait fait une si profonde impression dont on retrouve la trace dans tant de témoignages et de lettres de ses chères filles ?

****

La guerre de 1870 fut pour lui une occasion de se montrer, dans ses circulaires comme dans ses lettres privées, sous un jour nouveau, de révéler ou de mettre en évidence certains aspects de son caractère ou de sa vertu. Nous l'avons vu déjà un peu dans quelques-unes.

On admire son patriotisme, son esprit de foi, son calme, son courage tranquille dans des temps douloureux d'une angoisse poignante. « 24 août 1870. Vous aspiriez à des jours de repos, de recueillement et de retraite après les nombreuses occupations et les fatigues de l'année scolaire. Des événements inattendus viennent de surgir ; ils demandent notre coopération et nos prières pour soulager de profondes misères, détourner de grands malheurs et attirer les bénédictions et les miséricordes de Dieu... Ne vous occupez nullement des affaires du temps, n'en demandez aucune

IV. — Un portrait de M. Debrabant.   5

nouvelle ; laissez tout entre les mains de Dieu et contentez-vous de prier ».

« Que va-t-il arriver à Paris ? Dieu seul peut le savoir, écrit-il à la Mère Éléonore, (janvier 1871) ; ma conviction est toujours que Paris pourra être détruit, mais que la France ne périra pas et que nos frères de la Lorraine et de l'Alsace ne seront pas sacrifiés. Une chose qui peine est que, dans la défense nationale, il y en a plusieurs qui n'ont ni foi, ni mœurs, et sont hostiles à la religion ; ce doit être un obstacle aux desseins de miséricorde de la Sainte Vierge,... Prions et attendons avec foi et confiance ». Son patriotisme, son courage, sa confiance sont de la foi et de la vertu chrétienne.

Il s'étonne qu'on ait moins de confiance ou de bravoure tranquille que lui. Certains établissements d'enseignement ont renvoyé leurs pensionnaires ; d'un mot familier et pittoresque il dit qu'ils ont fait « une fameuse boulette ». Il blâme la panique. « Il n'y a vraiment plus de courage ni de confiance dans les esprits ». « J'ai fait confier, dit-il, à saint Joseph, toutes nos pensionnaires. On a fait de même à Saint-Amé ». De ses religieuses il dit : « Il y a encore ici trente-six religieuses et deux novices qui sont toutes occupées et resteront au poste ». Pour dire la chose il emploie justement une expression militaire, et il est justement fier du courage de ces femmes.

Il raconte ainsi la manière dont Cambrai a été délivré : « Ils avaient sommé par un parlementaire de se rendre et de leur payer deux millions avant quatre heures du matin etc. On leur a donné une réponse bien française, c'est-à-dire qu'on se défendrait à outrance, mais selon les règles de la civilisation et non à la prussienne. On les attendait de pied ferme quand on apprit, après avoir reçu quelques obus qui n'avaient fait aucun mal, qu'ils avaient ramassé leurs batteries d'artillerie et avaient disparu ». Cette réponse bien française réjouit et console le cœur de ce bon français.

Ses raisons d'espérer, non hélas ! la victoire, mais le relèvement, sont toutes surnaturelles, très hautes et très émouvantes. « Nous laisserons tout à la sagesse et à la volonté de Dieu qui sait tout et qui seul connaît les décrets de la Providence. Continuons de prier et de faire beaucoup prier. Une chose qui est intime en moi, c'est que la France ne peut pas périr et qu'elle devra sauver Rome et le Pape. C'est encore la France de Clovis, de Charlemagne et de saint Louis et surtout de la Très Sainte Vierge, patronne de la France, consacrée à elle par Louis XIII ». Et encore, le 31 janvier 1871 : « On ravitaille Paris. On va faire les élections pour une Assemblée nationale qui délibérera sur les affreuses conditions de la paix. Que sortira-t-il de tout cela ? Tout est dans les secrets de Dieu. Ah ! prions, prions, pour que le fantôme de gouvernement qu'on va établir nous fasse arriver à un gouvernement catholique qui fasse respecter les lois de Dieu et de l'Église et rende la France digne de son titre de Fille aînée de l'Église ; car, malgré sa ruine et son aplatissement, elle va avoir un peu plus tard une grande mission à remplir... Elle n'aura plus la force apparente, mais elle aura la force de Dieu ; l'Église romaine et le Souverain Pontife l'attendent... »

Le 4 février 1871, il écrit : « Il y a... un vide de vingt kilomètres entre nos dernières limites et les lignes prussiennes ». *Nos dernières limites* ce sont celles des maisons et du rayon de La Sainte-Union ; *vingt kilomètres* lui paraissent suffisants pour se rassurer. « Nous n'avons que nos trois maisons de l'Aisne qui puissent voir encore des Prussiens, mais elles ne sont nullement inquiétées ». Et il conte gaiement le bon tour joué aux Prussiens par une de ses religieuses : « La Supérieure d'Origny-Sainte-Benoîte, une bonne tête, avait été exemptée du logement, mais, comme le bourg regorgeait de Prussiens, un chef supérieur parlant très bien français est allé lui demander combien elle aurait pu loger de soldats : « Monsieur, pas un seul, répondit-elle ; car nous ne logeons pas de soldats ». Le chef, tout interloqué, salua et se retira, et c'est tout ce qu'elle en a vu ». Il sourit et il admire.

Du reste, il avait donné ordre à ses chères filles, dans ses lettres circulaires, de ne jamais quitter leur poste. « Je les ai vus en 1815 », leur disait-il des Prussiens, et il ne les croyait pas si terribles. Il leur recommandait de mettre au haut de la porte de leurs écoles un écriteau en français et en allemand, portant ces simples mots : « École de jeunes filles », et il assurait que les Prussiens passeraient outre.

« Soyez parfaitement tranquilles ; on respectera votre zèle maternel et votre dévouement ».

Durant les mauvais jours de la guerre, le 31 janvier et le 4 février 1871, qui évoquent la fin de ce triste et dur hiver, si plein de souffrances et de sombres pressentiments, il avait, malgré sa douleur et ses angoisses, assez de confiance pour exprimer ces beaux sentiments, pour faire ce beau rêve : « Il paraît que nous sommes à la fin des incendies, des pillages, des ruines, des martyres, enfin des cruautés que nous laisserons à l'histoire le soin d'enregistrer pour l'instruction de l'univers. Et la paix que l'on va négocier achèvera le désastre par ses conditions dont l'histoire n'a pas d'exemple. Enfin, tout cela n'est que de la misère terrestre ; puisse-t-elle, par la miséricorde de Dieu nous forcer à regaider le ciel et l'éternité ! Assez et mille fois trop d'agitation pour les choses du temps et de l'enfer. Allons, bien chère enfant, à l'œuvre du bon Dieu, à la régénération par l'éducation de l'enfance et de la jeunesse ! » — « Continuons à bien prier pour la paix et pour la conversion des âmes ; car il faut que la

France, quoique ruinée, saccagée, aplatie sous la botte de Guillaume, soit bientôt prête à aller délivrer Rome et le Souverain Pontife. Et nous reprendrons l'œuvre de La Sainte-Union mieux que jamais : je demande pour cela une santé meilleure qui me délivre d'un repos forcé et oisif, nuisible aussi bien à l'âme qu'à l'œuvre du bon Dieu ». Le repos forcé et oisif que lui impose la guerre, que lui impose sa santé coûte à son zèle ; il aspire à reprendre son œuvre avec plus de courage que jamais, à réparer, pour sa part, la belle part de La Sainte-Union, les ruines de la guerre ; et cela est d'un bon français, mais surtout d'un bon chrétien, d'un apôtre, d'un saint.

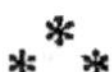

Un épisode important de sa vie fut le voyage qu'il fit à Rome en novembre, décembre et janvier 1863-1864, en compagnie du supérieur des Bénédictins anglais de Douai, le Père Adrien Huckinson, qui venait d'être nommé évêque de l'île Maurice et devait être sacré à Rome même par un évêque de son ordre, Monseigneur

Gorin. Il entreprenait ce voyage pour voir Rome, pour voir le Pape, pour faire connaître et commencer de faire approuver ses deux congrégations. Les lettres qu'il écrivit à la Mère Éléonore pendant ce voyage sont des plus intéressantes qu'il ait écrites. Tout d'abord le prêtre pieux, vraiment et pleinement surnaturel, s'y révèle pleinement.

Voyez avec quelles dispositions il s'en va. De Paris, 26 novembre 1863, il écrit : « Arrivé à Rome, j'aviserai aux moyens d'obtenir toutes les faveurs spirituelles possibles ; car je ne fais pas ce voyage pour contenter ma curiosité, même pieuse». Il finit une lettre du 26 novembre par ces mots : « Vivent Jésus et Marie dans nos cœurs ! » De Marseille il écrit le 1er décembre : « Je n'ai jamais vu tant de mouvement dans une ville. Lille, Paris et Lyon ne sont rien auprès de l'activité et du mouvement de Marseille où toutes les rues sont continuellement couvertes de monde, allant et venant à leurs affaires. Hélas ! bien peu sans doute pensent aux affaires du ciel et de l'éternité. C'est triste d'y penser... » Voilà où est son esprit ; d'en bas, de ce qu'il observe dans les choses nouvelles, l'humanité nouvelle qu'il voit, il remonte immédiatement en haut, vers les choses supraterrestres et surnaturelles. Long voyage et voyage fatigant : « Vous savez que nous sommes à deux cent cinquante lieues de Douai et que nous avons fait cela en trois haltes ». Mais il dit dans la même lettre : « Arrivé à Marseille, j'étais bien fatigué : aussi éprouvai-je de la faiblesse et des brisements dans la chapelle de Notre-Dame ; mais ma messe m'a remis presque complètement. » *Ma messe m'a remis* n'est-ce pas un mot de saint ?

Le voici à Rome. Il s'est empressé de visiter Saint-Pierre. Il écrit à la Mère Éléonore (3 décembre 1863) : « Il y avait justement les prières de quarante heures ; l'autel était un paradis de lumières. J'ai déposé dans le cœur de Jésus exposé toute la Congrégation et ma chère enfant la première. Je suis ensuite allé me prosterner au tombeau des saints apôtres Pierre et Paul, et je m'y suis épanché tout entier. Si j'ai le bonheur d'être exaucé, ma bien chère et bonne enfant sera une grande sainte, et son père se convertira pour son salut et l'édification de ses religieux et religieuses ». *Se convertira*, mot charmant d'humilité chez ce saint prêtre qui arrive à Rome moins pour voir que pour prier mieux, pour aimer mieux ce qu'il aime par devoir, pour devenir meilleur en vue de faire plus de bien. Ce mot, nous le retrouvons dans une autre lettre touchante, du 6 décembre : « Je vous remercie de prier et de faire prier pour moi, ma bien bonne et excellente enfant ; je le fais pour vous toutes et je le ferai surtout pendant la retraite que je vais faire à Sainte-Eusébie pour me préparer à bien célébrer la fête de Noël et me convertir afin de mieux vous édifier toutes, ainsi que les frères, et vous diriger plus fructueusement ».

Autre spectacle, supérieur à tout, le Pape, le Pape Pie IX. « 6 décembre 1863. Mardi, j'ai assisté à la messe solennelle ; j'ai vu et contemplé pendant environ deux heures le Souverain Pontife dont la figure est vraiment l'image du bon Dieu ». Un autre jour, il écrit : « Je reviens de mon audience où j'ai vu, contemplé face à face le vicaire de Jésus-Christ qui est la bonté même ». Il n'a pas vu, ni même regardé, mais contemplé le Pape. Et voici un mot très simple, mais admirable de bon sens chrétien. (6 décembre 1863). « Rien de mieux que d'être avec le Pape ; on est avec Jésus-Christ et son Église ».

Il a assisté au sacre de Mgr Huckinson ; il y a été bien édifié : « Monseigneur Huckinson (maintenant en réalité) a été très bien : Monseigneur Gorin est un saint, et il était à sa place dans une niche ». Toujours l'esprit de foi domine ; il met la piété et la sainteté, dans son estime, au-dessus de tout.

Il a remis à la Congrégation des évêques et réguliers une lettre très élogieuse de l'évêque de Gand et un magnifique témoignage de l'archevêque de Cambrai en faveur de La Sainte-Union. Il écrit à Monseigneur de Cambrai : « Je ne sais si j'obtiendrai quelque chose avant de mourir, mais au moins je ne regretterai pas mon voyage et je pourrai dire avant de mourir : J'ai vu Rome et le Vicaire de Jésus-Christ qui m'a béni ainsi que les deux Congrégations de La Sainte-Union ».

Ces lettres du voyage de Rome nous donnent lieu de constater l'esprit d'ordre et d'économie de l'homme qui a fondé tant d'établissements, bâti tant de maisons ; l'argent indûment dépensé, il le regarde comme soustrait à ses fondations ; il regrette d'être obligé d'employer à son propre usage ce qui pourrait être utilement employé à ses fondations. De là plusieurs plaintes du genre de celles-ci (6 décembre 1863) : « Le séjour à Rome est bien coûteux, surtout avec des Anglais. Quand je mange seul, il m'en coûte beaucoup moins ; il faut subir la nécessité et je suis heureux d'entrer demain au séminaire français ». Et encore : « Cela m'ennuie passablement d'être seul à l'hôtel ; car l'évêque dont je dois occuper la chambre n'est pas encore parti ; mais il part demain soir et je serai délivré de l'hôtel et des grandes dépenses ».

Dans d'autres lettres, écrites à d'autres dates, on voit percer ce même souci ; ce souci est une vertu. Il proscrit tout luxe, tout superflu, tout ce qui est pour la montre ou la parade, tout ce qui coûte cher, sans vraie utilité ou sans nécessité, vêtement, cérémonies, de pur apparat.

Dans ces lettres sérieuses, graves, sur les affaires les plus importantes, parfois les plus épineuses, il y a parfois un mot gai, comme un sourire. Il est revenu de Civita-Vecchia à Marseille par une mer mauvaise. Il écrit (19 janvier 1864) : « Avant-hier à cinq heures, au moment du dîner, quand tout le monde était à table, il est arrivé une bourrasque qui a fait faire une contredanse au vaisseau ; les bouteilles tombaient, les assiettes et les verres sautaient comme des béliers ; tout le monde est parti malade, excepté le capitaine, le médecin du navire et moi, seul passager qui ai continué mon dîner et fait honneur à tous les plats (car j'étais presque à jeun), à la grande admiration de ces deux messieurs. J'avais la même cabine que le neveu de Lord Russel qui ne cessait de me regarder de sa couchette et m'a accosté en me disant que j'étais le premier marin de l'équipage, que j'étais resté sur le champ de bataille. Bref sur tout cela ».

« Au moment de m'embarquer, écrit-il à la Mère Éléonore durant un voyage en Angleterre (3 mai 1868), j'ai vu M. Henri Houzel qui, sachant que je partais et (qui) se trouvant sur les lieux, a voulu me voir en costume anglais ». — Il parle ainsi de

sa santé dans une lettre du 24 août 1868 :
« Pour moi, quelquefois plus mal, quelquefois mieux, je « boulotte » (roule) toujours, un peu maigri, mais avec une bonne mine ; je dois vivre de régime et de précautions ».

Comme il aime ses filles ! De quel cœur tendre et dévoué à toute épreuve ! De quelle extraordinaire puissance d'affection !

Les lettres à la Mère Éléonore, à la Mère Joséphine commencent par cette tendre appellation : « Bien chère et excellente enfant » ou « Ma bien chère et excellente enfant en Jésus et Marie ». Et elle se répète au cours de la lettre plusieurs fois.

En route pour Rome, il écrit à la Mère Éléonore (26 novembre 1863) : « Je viens de célébrer la sainte messe à Notre-Dame des Victoires et celle qui est placée la première dans l'affection de son père a été placée la première sur la patène... Je demanderai à la bonne très sainte Vierge des vertus pour toutes mes bonnes et bien chères enfants, surtout pour celle qui m'est chère entre toutes les autres et à laquelle j'écris ces mots qui sont du cœur le plus paternel ». De Rome (3 décembre 1863), à propos d'un débarquement dangereux à

Civita-Vecchia : « ... Je puis donner une meilleure nouvelle à ma bien chère fille qui tient à conserver son père pour lui recommander de plus en plus l'amour du bon Dieu et l'amour de notre bonne Mère Marie... » Quand il revient après une absence de deux mois, il écrit de Paris (15 janvier 1864) : « Le temps vous semble long, ma bien chère enfant ; il me tarde aussi de me trouver auprès de toutes mes chères enfants, surtout auprès de celle qui a toujours occupé une si grande place dans notre cœur paternel en Jésus et Marie ». Arrivé le jeudi à cinq heures du soir, il les retrouvera au confessionnal dès le vendredi matin. — Il écrit de Londres : « Je mets toutes les sœurs de la Congrégation dans votre cœur maternel ; elles sont toutes aussi dans mon cœur où vous tenez une bien grande place, ma bien chère enfant ».

Il oublie, il pardonne, de quel accent ! « La bonne et excellente lettre de ma sœur Marie-Eugénia m'a rendu la santé, écrit-il à la Mère Joséphine (16 février 1866). Que tout soit oublié et qu'elle soit votre bras droit dans le gouvernement temporel et spirituel qui vous est confié et dans lequel vous avez déjà tant pacifié ». Quoi de plus fort pour exprimer cette joie pure que : *m'a rendu la santé !*

Il aime plus ses chères filles quand elles sont malades, tristes, tentées de découragement. De quel accent de compassion affectueuse et tendre, mais aussi de foi ardente, de foi dans La Sainte-Union, d'amour du bien par La Sainte-Union, d'amour de Dieu, il les console, les exhorte, les encourage ! Quoi de plus touchant que ces mots écrits de Londres à la Mère Éléonore, malade et triste, elle aussi, (15 juin 1869) : « Espérons que nos maisons d'Angleterre vont prospérer comme celles de France et que le bon Dieu donnera une parfaite guérison et une forte santé à ma bien chère enfant pour travailler à la continuation et accroissement de l'œuvre qu'il bénit jusqu'ici à travers les épreuves que nous devons supporter avec calme et confiance, sans se laisser aller à la tristesse, encore moins au découragement ; vous m'avez compris, ma bonne petite ; c'est un père qui vous a toujours beaucoup aimée, parce qu'il a toujours eu de grandes vues sur sa chère enfant, qui vous répète qu'il faut toujours se résigner dans le bon Dieu avec calme et confiance, pour faire le bien en faisant sa sainte volonté ». Cet accent-là est inimitable ; il faut, pour le trouver, aimer d'une certaine manière, chrétienne et sainte, aimer comme saint François de Sales, aimer Dieu par-dessus tout.

La mère Éléonore, la mère Joséphine qui représentaient à ses yeux tant de choses, et le passé, et ce qu'il y avait de meilleur dans la Congrégation, avaient des droits particuliers à son affection. Mais cette affection si extraordinairement tendre et dévouée d'un père très bon s'étendait à toutes ses religieuses, à toutes ses chères enfants. « Celui qui vous affectionne de toute son âme », dit-il en terminant une de ses lettres circulaires, et l'on sent que ce n'est pas un mot. Combien de fois, dans chacune de ces circulaires, il répète : « mes chères enfants », « mes bien chères enfants ! » Ce mot répété souvent, répété deux fois dans certains alinéas, donne à ces lettres l'accent le plus pathétique comme le plus persuasif. Ce mot tout seul est tout un argument. Nous avons dit déjà que Monsieur Debrabant, dans ses circulaires, s'adressait au cœur plus qu'à la raison, tâchait d'atteindre la raison par le cœur.

Il parle ainsi de plusieurs sœurs malades (2 février 1848) : « Je partage les souffrances de ces chères enfants malades ; mon âme est souvent navrée au récit de leurs douleurs et du danger de les perdre prématurément ; de pareilles nouvelles m'empêchent souvent de prendre la nourriture nécessaire et m'ôtent même la tranquillité du jour et le repos de la nuit. » Quelle force dans ces expressions ! Qu'il faut sentir vivement pour parler, pour écrire ainsi ! Le cœur seul, un cœur de père extraordinairement aimant peut trouver de ces mots. Celui qui les chercherait ne les trouverait pas.

Quelle manière extraordinairement tendre de faire des reproches : « 2 février 1847. Je ne vous en dis pas davantage, mes bien chères enfants ; je vois couler des larmes de vos yeux et je veux mêler les miennes aux vôtres. »

Et quelle joie affectueuse quand il les voit disposées comme il le souhaite ! « Quelle jouissance pour moi, écrit-il le 9 janvier 1858, lorsque, en pareille occasion, je vois, dans vous toutes, de si belles protes-

tations de fidélité, de zèle et de dévouement pour l'œuvre de La Sainte-Union ! »
L'affection devient de la reconnaissance
affectueuse et tendre. « Grand merci,
mes bien bonnes et bien chères filles,
écrit-il le 20 janvier 1863, pour les vœux
que vous avez offerts au bon Dieu pour
moi ; merci mille fois pour vos bonnes
prières ; continuez-les, mes bien chères
enfants ; votre Père qui vous aime tant
et qui commence à vieillir, en a un si
grand besoin ! » Une autre fois, le 30
juillet 1869, il dit : « Je vous dirai seulement que ma santé dépend de votre conduite. »

Il ne pense à ses filles qu'en les aimant
du meilleur de son cœur ; l'esprit et le
cœur ne font qu'un chez lui ; jamais l'un
ne se sépare de l'autre ; ses souvenirs de
tout ce qui touche à La Sainte-Union,
ses pensées relatives à La Sainte-Union
ne sont jamais de simples souvenirs, de
simples pensées ; ils s'accompagnent, ils
s'imprègnent de sensibilité très délicate
et très vive ; ce sont des sentiments, des
plus hauts et des plus purs qu'un cœur
d'homme puisse éprouver. « 9 août 1860.
Puissiez-vous correspondre, mes bien chè-

res enfants, aux sentiments paternels et affectueux qui m'animent toutes les fois que je pense à vous ou que je parle au bon Dieu de vous et pour vous ! » Tout ce que nous avons cité jusqu'ici de ces circulaires ne prouve-t-il pas amplement la vérité de ce mot touchant ?

Et c'est ainsi jusqu'à la fin, jusque dans ces années si sombres où ce bon Père doute du bien qu'il a fait et craint au lieu d'espérer, et sent parfois l'agonie intérieure, supplice auquel nul supplice n'est comparable. Il se console en aimant ses filles. Il écrit, le 22 janvier 1876 : « Mes bien chères filles en Jésus et Marie Immaculée, je viens, malgré mon impuissance causée par la longueur de la maladie que le bon Dieu m'a envoyée dans sa grande miséricorde, répondre à vos bons souhaits... Je vous bénis toutes du plus profond de mon cœur. » Et le 2 mai 1878 : « Je vous en conjure donc, mes bien chères enfants, pendant ce beau mois, ne m'oubliez pas dans vos prières ; suppliez le bon Dieu dans sa miséricorde de m'aider à traverser avec courage et confiance les longues et pénibles épreuves auxquelles il lui plaît de me soumettre et de les faire servir au salut de mon âme. » Et il termine en disant : « du fond de mon cœur qui est tout à vous, à la vie et à la mort. » Ailleurs, chez d'autres, ce mot final serait peut-être une formule ; il est ici profondément vrai ; il résume et exprime toute une vie, tout un cœur d'homme et de saint.

Monsieur Debrabant fut un homme de cœur, d'une sensibilité vive et profonde au delà, bien au delà de la mesure commune ; c'est là, pour une bonne part, le grand secret de sa puissance d'action, plus, bien plus encore que la force de son intelligence et l'énergie de sa volonté. Ses lettres, ses lettres circulaires en particulier, le font comprendre et sentir, le démontrent avec évidence.

Cet homme de sensibilité vive et si profonde était un homme de volonté énergique. Tout, dans sa vie, le démontre. Ses écrits le démontrent aussi, au moins un peu, pour leur part.

Il encourage, il raffermit, il excite, il

voudrait que les autres eussent son énergie, sa confiance.

« Vous êtes trop pusillanime, écrit-il à M. Leclercq (25 octobre 1858) ; agissez pour le mieux. » Il est précisément l'opposé d'un homme pusillanime, et il n'aime pas dans les autres ce défaut.

« Voyez quel chaos d'embarras, écrit-il encore à M. Leclercq (20 février 1850), après avoir énuméré et exposé bien des difficultés. Il faut pourtant en sortir. Le bon Dieu veut bien que nous ayons des peines et des embarras, mais il ne veut pas la ruine de son œuvre ; ainsi nous en sortirons ; mais il faut souffrir et toujours souffrir. » Il se rappelle tout ce qu'il a souffert pour fonder ses deux congrégations ; il sait que c'est la loi des grandes œuvres de Dieu, et il regarde la souffrance bien en face, courageusement, bravement ; il a cette sorte de courage et de bravoure.

Il est remarquable que les lettres à ses chères filles, lettres privées ou lettres circulaires, n'expriment jamais cette sorte de reproche : le manque d'énergie ; c'est apparemment un défaut qu'il n'a pas à combattre chez ses filles. Les lettres nous renseignent donc peu sur cette qualité ou cette vertu de son caractère : l'énergie ; il n'y a pas lieu qu'elles nous renseignent, et c'est un honneur pour celles à qui il s'adresse. Ces mêmes lettres nous instruisent d'ailleurs assez à d'autres égards ; elles sont d'admirables témoignages d'autres qualités et d'autres vertus.

Dans une lettre à M. Leclercq (juin 1849), il raconte sa vigoureuse intervention dans un procès qu'il perdit malgré la justice de sa cause [1], le procès D. ; il dit : « J'ai été interrogé pendant près d'une heure au tribunal et en public. J'avais peine à me résigner ; j'avais eu la fièvre la veille et la nuit. J'ai fait tout pour avoir assez de force et de courage. J'ai obtenu cette faveur en allant me placer sur le siège devant le président qui paraissait trembler à son tour, sans doute à cause de mon attitude ferme et de la franchise de mes réponses à des questions intempestives et indiscrètes qu'il m'a adressées. » Revoyons-le dans cette attitude ferme et courageuse, sur la sellette de prévenu, interrogé par un juge, mais

---

1. Affaire du testament d'une religieuse.

répondant de manière à faire trembler ce juge. Cette attitude est une de ses attitudes principales. Il n'a pas dû faire effort pour la prendre.

Certaines lettres écrites à des personnes du dehors, à des puissances, à Mgr l'évêque de Liége, à M. des Billiers, vicaire général de Mgr Parisis, évêque d'Arras, à Mgr Parisis lui-même, à Mgr Régnier, archevêque de Cambrai, sont des plus courageuses et des plus hardies que l'on puisse écrire. Il semble qu'il soit de plain pied avec ces puissances. Il ne déguise pas la vérité pour la leur faire accepter. Il la leur propose avec une extraordinaire force d'expression. Un jour la Mère Éléonore écrivait à la Mère Joséphine : « Notre bon Père vous dit parfois des vérités crûment ». C'est le mot le plus juste pour caractériser ces lettres. Quand il a la vérité pour lui, le droit pour lui, rien ni personne ne pourrait le faire fléchir. Il appelle les choses par leur nom propre. On a commis une erreur et une injustice. L'honneur de la Congrégation en souffre. Il en souffre lui-même. Toucher à l'honneur de sa Congrégation, c'est le toucher à la prunelle de ses yeux. Et il le dit et surtout il le fait entendre par la vivacité et même la rudesse tout apostolique du ton de ses lettres.

Il défend, hardiment et vigoureusement, devant l'évêque de Liége, l'école d'Ans contre des prêtres qui l'ont sommé et ont sommé la Supérieure Générale de rétablir l'ancienne supérieure ou de retirer leurs religieuses (25 octobre 1857).

Il défend, hardiment et vigoureusement devant l'archevêque de Cambrai, l'école de C., contre le doyen de cette localité qui a manqué aux règles de la discrétion et de la justice à l'égard de deux directrices de cette école (5 février 1859). « Dame Églée et Dame M. Edmonde, qui sont si bien habillées dans deux grandes pages, sont justement celles qui ont le mieux dirigé et gouverné leur couvent sous tous rapports, mais celles-là étaient fidèles à leurs Règles et à leurs supérieurs. C'est justement sous leur direction que M. Hilaire, inspecteur, a noté notre école de C., comme la mieux tenue de l'arrondissement. »

Nous avons conservé six lettres, dont quelques-unes longues, à M. des Billiers, Vicaire Général d'Arras, et une à Mgr d'Arras, sur une affaire qui fut particulièrement douloureuse pour Monsieur Debrabant (1859-1860). Par les menées ou intrigues d'un religieux rédemptoriste, une religieuse directrice de l'école de la verrerie d'Aniche, Dame Georgina, était passée clandestinement et comme en fuyant, avant même l'expiration de ses vœux, chez les Ursulines de Saint-Omer dont la maison relevait de M. le Vicaire Général des Billiers. Et, par les menées et intrigues de cette Dame Georgina, une autre religieuse de la même école, Dame Laurence avait fui de même pour la rejoindre dans le même monastère. Cette clandestinité, cette déloyauté, cette ingratitude furent très pénibles à Monsieur Debrabant. Et il lui fut très pénible que M. le Vicaire Général des Billiers prît en main leur cause, comme si elle eût été bonne. Les deux ingrates avaient été conduites à Saint-Omer, disait-il, non par l'esprit de Dieu, mais « par l'esprit de Satan ». Il écrivit à M. des Billiers des lettres d'où tout souci littéraire, tout souci de plaire est absent, mais fortes et fières. « Je n'ai pas du tout attaqué votre directeur dans mes lettres, écrivait-il le

22 janvier 1860 ; relisez-les et vous verrez que, si je parle de manque de droiture, cela ne tombe que sur le couvent de Saint-Omer et la fugitive qui n'avait jamais pensé le moins du monde à quitter la Sainte-Union avant les intrigues du Père V. et autres que vous connaissez. » Et encore : « Vous dites à M. le Curé d'Aniche que vous n'êtes pas responsable si les religieuses de La Sainte-Union ne sont pas attachées à leur Congrégation. Votre supposé est faux. Vous ne trouverez pas un prêtre dans les 166 localités occupées par nos 700 religieuses qui soit de votre avis. Vous dites que vous n'avez pas voulu renvoyer Dame Georgina pour ne pas la livrer à la sévérité de ses supérieurs. Permettez-moi de vous dire, Monsieur le Vicaire Général, que Mgr l'Archevêque et M. le Curé d'Aniche ont été peu édifiés de cette phrase ; en effet, elle n'est ni charitable, ni polie ; néanmoins j'ai dit à M. le Curé d'Aniche qui est venu me consulter de la part de l'Archevêché, de vous répondre peu de chose et d'une manière très polie, puisque le débat me regardait seul et puisque vous le déclarez terminé. » Il rétablit la vérité dans

ses droits, il souffre, il blâme et condamne dans les termes les plus propres ; il est fier, il est fier comme saint Paul dans son apologie. Cela ne l'empêche pas de terminer par des formules comme celle-ci : « Quant à mon respect pour vous, Monsieur le Vicaire Général, et à ma profonde vénération pour Mgr l'Évêque d'Arras, ils sont toujours sans mesure et sans limites. C'est dans ces mêmes sentiments que j'ai l'honneur d'être, Monsieur le Vicaire Général, votre très humble serviteur. » Il semble avoir oublié ; la chose dite, tout ce qui inspire le respect dans la personne à qui il s'adresse demeure.

Mgr Régnier, archevêque de Cambrai, a toujours tenu en très haute estime, protégé, honoré même de son amitié, Monsieur Debrabant. Voici une sorte de conflit entre Monsieur Debrabant et Mgr Régnier. L'archevêque de Cambrai avait accordé, puis retiré, au pensionnat de Dunkerque, l'autorisation d'avoir les offices dans sa chapelle, le Dimanche. La raison secrète de cette suppression est exprimée dans cette phrase d'une lettre à Mgr Régnier : « Votre Grandeur connaît M. Compagnie, le confesseur des religieuses ; c'est un saint ; il est au courant de toutes les hostilités qu'on nous suscite par le motif qu'avoue hautement M. le Doyen : que notre maison prospère trop. » La raison secrète est donc la jalousie, chose basse, digne de mépris. M. Debrabant souffrit extrêmement de cette mesure qui lui paraissait injustifiée, donc injuste, comme reposant sur une erreur et sur un sentiment bas. Il importait d'éclairer Mgr l'Archevêque. Il le fit dans des lettres, très fortes aussi, où une extraordinaire vivacité de douleur s'exprime avec une rare éloquence ; nous savons que Monsieur Debrabant fut éloquent, par écrit comme de vive voix, toutes les fois que le sujet s'y prêtait.

« 27 novembre 1866. La lettre que je reçois de Votre Grandeur est pour moi un terrible coup de foudre qui me rend malade de peine ; je croyais être plus fort, mais telle est ma triste nature que je ne sais la surmonter dans des cas semblables ». Il dit plus loin : « C'est à la suite de la communication qui m'a été faite, que j'ai eu l'honneur d'écrire à Votre Grandeur ma dernière lettre, que je la supplie de relire, car elle contient la pure vérité que je soutiendrai jusqu'à la mort. Notre douleur est telle, Monseigneur, qu'il me semble que j'aurais moins à souffrir de voir la suppression de la maison de Dunkerque... Ce ne serait pas seulement une cause de plaisanterie scandaleuse, ce serait la ruine de la maison... Une chose incompréhensible pour moi, Monseigneur, c'est que deux couvents existent avec les mêmes privilèges à Bergues, ville de 6.000 âmes, et que les mêmes avantages ne pourraient pas exister à Dunkerque, ville de près de 40.000 âmes. Enfin, Monseigneur, faut-il que nous passions par tant de tribulations, lorsque nous ne faisons et ne voulons que ce qui peut contribuer à la gloire de Dieu et au salut des âmes ? Nous avions déjà tant souffert ! » Quels accents pathétiques ! Dirons-nous qu'ils sont hors de proportion avec le sujet ? Nullement. Rien n'est petit pour Monsieur Debrabant de ce qui touche à l'honneur comme au bien de sa Conrégation. Nous aimons l'entendre dire qu'il a une nature telle qu'il ne peut la surmonter, quand une douleur qui intéresse non lui, mais ce qu'il aime le plus au monde, a ému et ébranlé cette nature si vive.

On s'en est rendu compte, cette énergie est encore de l'amour ; l'amour très haut, très pur de sa Congrégation, du bien, de la vertu, de Dieu est une force qui se traduit ou s'exprime, dans l'occasion, avec une extraordinaire énergie ; il faut aimer bien fortement pour protester, blâmer, condamner avec une telle force d'expression.

****

L'esprit de foi, la piété ardente se montrent dans tout le détail de ces lettres à toute époque. Nous l'avons vu déjà en les citant pour d'autres fins. L'esprit de foi, la piété ardente, une seule et même chose, très haute et très belle, est sa grande vertu. Son esprit, son âme sont en haut toujours, au-dessus des choses d'ici-bas ; il rapporte tout à des fins surnaturelles.

Il écrit à ses filles le 10 avril 1848, au lendemain d'une révolution : « Mes bien chères enfants en Jésus et Marie, je vous ai fait recommander à toutes la confiance en Dieu, le calme et la prière au milieu de tant d'événements qui agitent le monde.. Tenez-vous entièrement en dehors de toutes les affaires politiques et ignorantes de tous les bruits qu'on fait courir. Remettez tout entre les mains du bon Dieu qui paraît en ce moment secouer tous les peuples pour les forcer à lever les yeux vers Lui. » Et, au lendemain d'une autre, le 8 septembre 1870 : « Nous avons un nouveau gouvernement ; rien en cela ne doit nous étonner ; c'est le huitième depuis ma jeunesse ; les gouvernements se succèdent et durent plus ou moins longtemps ; il y en a un qui ne change pas et dure toujours : c'est le gouvernement de l'Église. »

Durant son pèlerinage de Rome, cet esprit de foi et de piété a eu pleine liberté de se manifester. « Chaque jour, écrit-il (21 février 1864), je cherchais à Rome un nouveau sanctuaire où les grâces me paraissaient devoir se multiplier davantage ; je célébrais soit sur le corps d'un saint ou dans la chambre où il mourut, soit devant une image miraculeuse du Sauveur ou de Marie, sa sainte Mère, soit sur l'autel d'un Patron de La Sainte-Union. » On se souvient qu'il disait au cours de ce pèlerinage : « Ma messe m'a remis ». Malade, la messe le remettait. « Oh ! mes bien chères enfants, écrit-il le 6 décembre 1866, si vous avez été infidèles, faites tout de suite réparation au divin Cœur de Jésus et au saint et immaculé Cœur de Marie. Célébrons cette fête si touchante comme je l'ai vu célébrer à Rome par le Saint Père lui-même. Oh ! que je serais heureux de voir en vous cette piété si fervente et cette dévotion si sincère à Marie que j'ai remarquée dans les fidèles qui assistaient comme moi à ces saintes et ineffables cérémonies ! »

L'esprit de foi et de piété, c'est l'amour du Sacré-Cœur. Il a fait porter à Paray-le-Monial, par le supérieur de Saint-Amé, un précieux reliquaire enfermant copie des pièces canoniques de la Congrégation, un acte de Consécration signé de lui et tous les noms de ses religieux et de ses religieuses. Il l'annonce dans une lettre du 4 juillet 1873.

L'esprit de foi et de piété, c'est la résignation sainte et pleine d'amour. Il vient d'apprendre la mort de quelques-unes de ses filles. Il écrit : « Béni soit le Seigneur qui vient de nous éprouver ! » Quand il a perdu la Mère Éléonore, il parle ainsi de cette douleur, la plus grande qu'il pût éprouver (4 février 1878) : « Je serais comme vous inconsolable, si je n'avais pas la pensée qu'elle est déjà auprès du bon Père Céleste, intercédant pour nous ; elle était si pieuse et si dévouée au salut de ses sœurs et au progrès des élèves dans la science et la vertu. »

L'esprit de foi et de piété prend de temps en temps cette forme : l'amour du Pape. Il écrit le 20 janvier 1873 : « Nous sommes aujourd'hui dans des temps bien mauvais ; c'est pourquoi nous sommes obligés de nous sanctifier de plus en plus et de travailler à la réparation des blasphèmes, des impiétés et de tous les désordres qui couvrent la face de la terre. Notre Saint Père le Pape nous en donne l'exemple. Vous le savez, mes chères enfants, depuis plus de deux ans, Notre Saint Père Pie IX endure les persécutions et les douleurs de la captivité avec toute la plénitude de la patience et de la résignation, de la prière et du sacrifice ; il nous supplie de nous unir à lui pour obtenir du Dieu de miséricorde la conversion des pécheurs et la délivrance de la Sainte Église plus persécutée que jamais. » Il écrit encore le 12 juillet 1877 : « Le vénéré Pontife Pie IX nous donne l'exemple d'une vie de retraite, de silence, de prière et de mortification. Imitons ce grand modèle dont la réputation de sainteté est aujourd'hui répandue sur toute la surface du globe. »

*_**

Monsieur Debrabant, fondateur de La Sainte-Union, fut avant tout un éducateur, un des principaux du dix-neuvième siècle, un de ceux qui ont fait le plus bel effort pour réparer les dommages ou relever les ruines du dix-huitième siècle et de la Révolution, un restaurateur par l'éducation. C'est là son grand titre d'honneur, celui par lequel sa renommée doit dépasser les limites d'une province, son histoire intéresse l'histoire religieuse de la France. Monsieur Debrabant, éducateur, paraît un peu dans sa correspondance. Nous voudrions qu'il y parût davantage. Il aurait pu rassembler dans quelque ouvrage ses principes et sa méthode. Il a bien fait des ouvrages classiques, mais non un ouvrage où il eût enseigné méthodiquement son secret ou son art d'instruire et de former de jeunes esprits. Il a formé ses religieux et ses religieuses, par d'innombrables instructions données de vive voix. Tout cela est perdu pour nous, et c'est grand dommage. Au moins sommes-nous heureux quand nous trouvons çà et là, dans les lettres circulaires, un conseil relatif à l'éducation. Ces conseils sont marqués, si l'on ose dire ainsi, au coin du bon sens. Monsieur Debrabant fut avant tout un homme de bon sens.

Il ne craint pas de descendre, dans une circulaire (22 janvier 1848), à ces détails : « Ayez pour vos enfants un régime très soigné : que tout paraisse bien apprêté et en abondance sur la table, à tous les repas ; que jamais une élève ne trouve occasion de dire qu'on ne lui donne pas assez ou que les mets sont mal apprêtés ; car cela serait capable de faire tomber votre maison et rejaillirait sur tout l'Institut. Le mal serait immense et irréparable. Vous éviterez ce malheur si, aux soins d'apprêts et à une abondance au moins apparente, vous joignez de temps en temps un petit régal pour vos pensionnaires, quelque petit dessert ou fruit, tarte etc., plus ou moins souvent, ou plus ou moins somptueux, selon l'importance de votre établissement. La dépense d'un sou par chaque élève, répétée de temps en temps pendant l'année,... fera merveille... ». Bien sensé et d'un esprit pratique très avisé, ce conseil. Et, de même, celui-ci : « Rendez votre maison accessible à toutes les positions de famille : vous ferez un plus grand bien et vous donnerez à votre maison et à l'Institut plus de renommée. N'effrayez jamais non plus par l'uniforme ; laissez-le toujours très simple et jamais de rigueur. » Au bon sens ici se mêle le zèle de l'apôtre soucieux du *plus grand bien*.

Il écrit le 22 janvier 1848 : « Ayez bien soin de ne jamais humilier vos élèves ; ce serait de votre part une marque d'orgueil : celle qui est humble n'humilie pas les autres. Reprenez toujours les enfants par manière d'encouragement. L'enfant, même difficile et vicieux, qui ne se voit jamais rebuté, finira toujours par se rendre à l'affection de ses maîtresses et se corrigera. Prenez toujours les enfants par la raison et les sentiments en leur inspirant la crainte de faire de la peine à leurs maîtresses ou à leurs parents et de déplaire au bon Dieu, mais évitez très scrupuleusement les affections charnelles. Vous tueriez par là les âmes en vous tuant vous-mêmes. » Et à une autre date (23 février 1869) : « Évitez donc toute espèce de mauvais traitements et encore plus les marques d'affection naturelle. » Quelle vérité, quelle psychologie délicate, et quelle sagesse, dans des avis **comme ceux**-là !

Les maîtresses se fatiguent outre mesure. Se fatiguer outre mesure est un excès contre lequel il doit mettre en garde ses chères filles. « Nous sommes souvent affligés, écrit-il (23 juin 1870), en apprenant ou en voyant, par nous-mêmes, des santés affaiblies ou même épuisées par des imprudences qui offensent d'autant plus le bon Dieu qu'on s'expose à ne plus pouvoir rien faire et à abréger ses jours ». Abréger ses jours par excès de dévouement, c'est aussi offenser le bon Dieu. Comment y remédier ? Il allègue cet exemple : « Je pourrais vous citer une maison qui n'a que trois maîtresses et plus de trois cents élèves ; cette maison est citée comme école modèle par les inspecteurs ; cependant les trois maîtresses sont très faibles de constitution ; deux même sont presque toujours souffrantes. Que font-elles ? Elles suivent exactement la méthode indiquée dans la Règle en se servant de monitrices auxquelles les petits groupes d'enfants obéissent aussi bien qu'à leur maîtresse. Il en est de même dans la grande classe et dans la moyenne où il y a des tables ; chaque maîtresse se sert également de monitrices et elle conserve sa santé avec ses cent élèves. »

Comment produire ou maintenir l'ordre dans une classe nombreuse, sans excès de fatigue ? Le bon sens, l'expérience et la psychologie de Monsieur Debrabant proposent ce moyen (12 février 1859) : « Nous nous plaignons... du désordre de beaucoup de petites classes où les enfants parlent et quittent leur place. Voici un petit moyen qui réussit immanquablement... C'est de leur faire tenir les bras croisés en les tenant vous-mêmes pour leur montrer la manière de le faire et de regarder simplement, en croisant vous-mêmes les bras, l'enfant qui bougerait et ne tiendrait pas les bras croisés. Cette espèce de pantomime, sans prononcer un seul mot, produit plus d'effet que les cris et les impatiences d'une maîtresse qui fait beaucoup de tapage et qui n'obtient rien sinon un surcroît de fatigue. »

Dans la *Préface-anecdote* d'un de ses ouvrages scolaires, il disait : « Peut-être trouverons-nous des lecteurs qui auront pitié de la simplicité de notre style et de la familiarité de nos expressions ; les critiques de cette nature sont loin de nous effrayer ; toute notre crainte, c'est de n'avoir pas été encore plus simple. » Cette pitié dont il parle serait bien inintelligente. Bien malavisé qui serait tenté de l'avoir ; ce ne sera pas nous. La simplicité, la clarté, la familiarité sont des qualités propres aux conseils que nous citons, d'après ses lettres, comme elles sont propres à ses livres classiques. D'un de ces livres trop négligé, il dit (12 février 1859) : « Dans les petites classes où l'on a fait usage de notre petit livre de questions élémentaires, les enfants paraissent plus instruites que dans les grandes classes où la maîtresse semble avoir dédaigné ce petit livre que j'ai cependant recommandé pour toutes les classes. »

Ce sont les maîtresses des enfants qu'il

forme ainsi. Et il a aussi à former les supérieures de ces maîtresses. Elles formeront à leur tour celles qui leur sont subordonnées et continueront et étendront sa propre action ou sa propre direction. Que de bon sens, de bonne psychologie, d'esprit de justice aussi dans les conseils qu'il leur donne !

Il écrit le 22 janvier 1848 : « Si vous voulez que vos sœurs soient bien envers le bon Dieu et envers vous-mêmes, il faut que vous leur donniez en tout bon exemple par le dévouement, l'exactitude à tous les devoirs, l'humilité, la charité, le calme, la patience : par là, vous vaincrez toute difficulté dans votre charge et votre communauté deviendra un vrai paradis. »

Il n'aime pas ce qu'il appelle d'un mot pittoresque, « les plaintes noires », « les noirs reproches », ce que nous appellerions le pessimisme. Il y voit le manque de justice, le manque de charité, le manque de psychologie aussi. Il sait que cela est stérile et vain, que cela même est funeste, qu'on exagère l'importance du mal si l'on ne met pas en regard le bien, que, si l'on se prive de ce jeu d'ombres et de lumières, on fait plus noir qu'il n'est ce qui est noir, qu'on ne comprend pas bien les âmes auxquelles on a affaire, qu'on les heurte, qu'on les froisse, qu'on les décourage, qu'on grandit et qu'on grossit le mal sous prétexte de le corriger.

« J'y vois, [dans ces lettres], écrit-il le 6 janvier 1868, plus de culpabilité dans la supérieure ou la directrice que dans les sœurs ou les personnes dont elle se plaint avec cette amertume que Dieu a sévèrement condamnée dans un prophète en lui disant que l'Esprit de Dieu n'était pas avec lui. Sans doute, il faut que vous rendiez compte... Mais pourquoi le faire avec cette amertume de cœur qui fait que vos plaintes noires et amères deviennent des fautes plus graves que celles que vous reprochez à vos sœurs ? Celles-ci du reste ne sont devenues telles que vous les représentez que parce que votre direction manque de tact, de prudence, de charité ; vous les aigrissez par votre âpreté au lieu de les gagner par la vertu, le calme et le bon exemple. » Il y revient plusieurs fois, comme à un défaut qui lui déplaît surtout et dont il voudrait corriger quelques-unes de ses chères filles.

Avec quelle joie il oppose à ce noir pessimisme, stérile et stérilisant, l'esprit de justice et de charité, l'esprit vraiment critique, et le bon sens, et l'expérience, et la sagesse, et la vertu des meilleures parmi l'élite de ses chères filles ! « Un assez bon nombre de lettres trimestrielles, écrit-il le 20 janvier 1873, nous offrent un tableau aussi consolant qu'édifiant. On y dépeint les sœurs avec leurs bonnes qualités, sans cependant laisser ignorer leurs défauts, qu'on a soin d'excuser en faisant valoir leur bonne volonté et l'attention qu'elles paraissent apporter pour mieux faire et se corriger. C'est là, mes chères filles, le véritable esprit de Jésus-Christ. »

Il faut que ses filles, toutes ses filles, institutrices ou supérieures de ces institutrices, soient pieuses avec cette mesure et cette sagesse sobre dont parle saint Paul : *Oportet sapere, sed sapere ad sobrietatem*. Il écrit, le 22 janvier 1848 : « Ne portez jamais trop loin les pratiques pieuses qui sont de surérogation, quand vous savez qu'elles pourraient contrarier certains parents ; rendez douce et facile la pratique de la religion et vous la rendrez aimable et accessible à ceux qui s'en éloignent le plus souvent par crainte de difficultés imaginaires. » N'est-ce pas du bon sens chrétien le plus pur ? Une admirable *Pensée* de Pascal est pareille, même par l'expression, à cette pensée de Monsieur Debrabant. Il faut « la rendre ensuite aimable », dit Pascal de la religion, après avoir dit qu'il faut la montrer raisonnable, puis respectable. C'est une préparation et un acheminement à démontrer qu'elle est vraie. En rendant leur religion aimable, les filles de Monsieur Debrabant démontreront la vérité de la religion.

*
* *

Il avait à former de bonnes éducatrices. Il avait à former surtout de bonnes religieuses. Il savait d'ailleurs que de la qualité de ses religieuses dépendait la qualité de ses éducatrices, qu'il fallait avant tout former, créer en elles une grande puisance de dévouement et de vertu. Ce qu'il leur demandait avant tout, c'était le respect de la Règle, un respect inviolable.

Il respectait lui-même et aimait à un degré extraordinaire cette Règle, méditée par lui longuement, peu à peu créée et formée, essayée dans la pratique avant d'être écrite, puis sanctionnée par l'autorité ecclésiastique. Il avait horreur, une sainte horreur, du mépris de la Règle, Il la croyait si sainte, si efficace pour le bien que la violer comme une chose qu'on pût traiter légèrement et avec mépris, c'était, à ses yeux, traiter légèrement, et avec mépris la vie religieuse et le bien et ce qu'il y avait de plus sacré. Il faisait craindre cette violation, ce mépris, en termes qui nous étonneraient, si nous ne savions que cette sévérité vient de l'amour de ce qu'il y a de plus saint, du caractère religieux en ses chères filles, que la crainte qu'il inspire d'une si forte manière est une autre forme de l'amour le plus sacré.

« Car il en est de nos Règles, écrit-il le 6 août 1866, comme de la Loi de Dieu. Saint Jean nous dit que, quand on manque dans un point, on se rend coupable comme si on avait manqué dans tous, c'est-à-dire que, si on fait peu de cas d'un article de la Règle, Dieu s'en trouve tellement offensé qu'il retire ses grâces et abandonne cette épouse infidèle. » Il entendait sans doute un mépris conscient, formel, parfaitement volontaire et habituel.

« Ne ressemblez pas aux Juifs qui ont entre les mains les Prophètes qui leur ont annoncé le Sauveur du monde et qui demeurent obstinés dans leur incrédulité. Vous portez aussi dans votre livre (Règle) toutes les notions des vertus et des obligations religieuses ; prenez garde de vous obstiner dans une vie de tiédeur et d'infidélité ; car vous encourriez le sort malheureux des Juifs et un sort plus terrible encore, parce que, ayant reçu plus de grâces, vous vous seriez rendues plus infidèles et plus coupables (20 janvier 1863) ».

Le mépris de la Règle entraîne d'autres mépris, d'autres péchés. Le mépris de la Règle religieuse entraîne le mépris de la Règle simplement chrétienne, et l'hypocrisie s'y ajoute. « Ce serait pour ne les avoir pas observées (les Règles) que vous tomberiez et retomberiez sans cesse et que vous finiriez par tomber dans la tiédeur, les infidélités et les tentations les plus dangereuses et les plus funestes. Oh ! mes bonnes et chères enfants, je n'ose m'arrêter à la frayeur que m'inspire une

pareille considération (9 août 1860). »
Cette crainte qu'il inspire, il l'éprouve
d'abord fortement. De là la force de ses
expressions, de là cette terrible éloquence.

« Qu'il sera terrible pour elles le moment
où le bandeau de l'orgueil tombera pour
ne leur laisser voir que le tribunal de
Dieu et mettre à découvert tout ce qu'elles
ont fait, tout ce qu'elles ont dit, malgré
tant de précautions et de dissimulations
qui n'auront fait que les rendre plus coupables (24 juillet 1856) ! »

« D'ailleurs, mes bien chères enfants,
la Règle vous le fait assez comprendre,
la négligence de la prière et la violation
du silence sont pour une religieuse les
deux portes de l'enfer ; ce mot vous fait
trembler, mes bien chères enfants ; tant
mieux (14 janvier 1856) ! »

Il songe au tort que chacune des religieuses qui mépriseraient leur Règle se
ferait à elle-même et au scandale et au
tort qu'elle ferait à l'Institut ; et la gravité de la faute s'accroît à ses yeux de la
gravité de ses conséquences même éloi-
gnées.

« De là (de ce manque d'obéissance,
de régularité, de silence), tous ces man-

ques de charité, d'humilité et de prudence
qui ne sont que trop la cause d'une triste
déconsidération de l'Institut auprès des
honnêtes gens... Quel compte terrible
pour le jour du jugement ! Hâtez-vous
donc, pauvres enfants qui vous sentez
coupables, de donner à Dieu, votre
Époux céleste que vous avez déshonoré,
une **véritable** et solennelle réparation,
(4 août 1854). »

Ainsi, par cette crainte du scandale et
du mépris inspiré pour l'Institut, et de
la ruine du bien rêvé, voulu par le fondateur, achève de se justifier cette sévérité. Nous n'hésitons pas à l'appeler une
sainte sévérité. Nous la lui pardonnons
comme ses filles la lui ont pardonnée.
Nous la tenons, comme elles, pour une
marque de la grande et haute affection
qu'il avait pour elles, du grand et saint
respect qu'il professait pour ce qu'il
y avait en elles de sacré, des grands
espoirs qu'il fondait sur leur vertu religieuse.

En regard de ce tableau si sombre de

l'infidélité et de ses conséquences, pla-
çons le tableau riant et radieux de la
fidélité ! Cent fois, mille fois, dans ses
lettres, Monsieur Debrabant propose à
ses filles l'idéal des vertus propres à son
Institut. Il se répète, il redit, par centai-
nes de fois, la même chose ! Qu'importe,
pourvu qu'il fasse admirer et qu'il inspire
le désir d'imiter et de réaliser dans sa vie
ce qu'on a admiré ! Des lettres de Monsieur Debrabant on peut dégager le portrait de la religieuse de La Sainte-Union
exemplaire, modèle de toutes, par ces
vertus : obéissance, humilité, silence,
simplicité, dévouement.

Il faisait tout à l'heure craindre la
réprobation. « Ah ! écrit-il le 12 février
1858, que sera grande la joie de la religieuse qui se sera montrée fidèle à sa
Règle et à son Dieu ! Qu'il lui sera doux
d'entendre au moment de la mort :
Venez, épouse de Jésus-Christ, recevez
la couronne immortelle que le Seigneur
vous a préparée pour l'éternité ! »

Ces vertus ne s'entretiennent que par
la lutte. Un temps vient où la victoire
est assurée et acquise pour toujours, mais
il faut d'abord lutter et peut-être long-

temps. Les vertus ont pour ennemies les passions.

« Si ces passions extérieures (celles qui portent à murmurer, à se plaindre, à faire des « confidences perverses », à fomenter des cabales) sont déjà si dangereuses, mes chères enfants, combien ne doit-on pas s'efforcer de détruire des passions intérieures plus dangereuses encore et d'autant plus dangereuses qu'elles se cachent sous le voile de l'illusion et de l'aveuglement ; de sorte que, sans vouloir le reconnaître, on marche hors de la voie du salut, je veux parler, mes chères enfants, de ce vil esclavage des affections humaines, de cette grossière sensualité ou caprice pour les satisfactions corporelles telles que la gourmandise et l'occupation désordonnée du boire et du manger. De pareils vices ne doivent se rencontrer que chez les mondains sensuels et païens (20 janvier 1873). »

Autre passion, autre tendance : la jalousie, l'antipathie naturelle ou entretenue, si contraire à la charité, vertu essentielle de la vie chrétienne, vertu essentielle de la vie religieuse. Cette passion se masque, se déguise, demeure

imperceptible même à l'âme qui l'éprouve.
« Craignez donc et évitez désormais l'illusion qui aveugle au point de ne plus laisser
apercevoir la noire jalousie et la crimi-
nelle antipathie, les examens malicieux
et les jugements téméraires... (juillet
1853). »

Ses filles sont hors du monde et elles
doivent, pour réaliser la fin même de leur
vocation propre, traiter avec le monde ;
mais c'est bien d'elles que l'on peut dire
qu'elles *sont du monde comme n'en étant
pas.* « Ah ! ne paraissez jamais au dehors
que par devoir ou absolue nécessité, obser-
vant scrupuleusement les prescriptions
de votre Règle qui vous recommande
tant la modestie, le silence et la dignité
religieuse hors de vos maisons, qui vous
ordonne de méditer ou de prier pendant
vos sorties... Chaque fois donc que vous
devez paraître hors de vos pieuses retraites, soyez comme la vierge chaste et
timide qui cherche toujours à se dérober
à la vue du monde (juillet 1853). »

A ces passions qu'il faut combattre, à
ces défauts qu'il faut éviter, il oppose
les grandes vertus de la vie religieuse,
en particulier de la vie religieuse dans

La Sainte-Union. Il n'écrit pas une seule fois à ses chères filles qu'il ne les leur recommande. Il ne les énumère pas méthodiquement, il ne les décrit pas systématiquement, par ordre d'importance ou de dignité ; il met en avant l'une ou l'autre selon l'inspiration peut-être, et peut-être aussi selon le besoin, et les autres suivent comme devant les accompagner nécessairement ; au ciel de l'âme on dirait une constellation, un groupe d'étoiles ; l'une appelle l'autre, l'une ne brille pas sans les autres. Oh ! il ne craint pas les redites ; qu'importe l'effet littéraire, si l'effet moral qu'il a en vue surtout est obtenu : l'édification, l'amendement, le progrès de ses filles dans les vertus de leur état !

Il finit une lettre circulaire, celle du 20 janvier 1863, par cette apostrophe touchante à ce groupe de vertus : « Régularité, humilité, retraite et silence, gravez-vous pour toujours dans le cœur de mes bien chères enfants que j'aime et que je bénis en Jésus et Marie. » Et il y a là une vive imagination et une vraie beauté littéraire. On eût étonné Monsieur Debrabant si on le lui eût dit. Ces vertus lui tiennent tant à cœur qu'elles cessent d'être des abstractions, qu'il les voit comme des réalités vivantes, qu'il s'adresse à elles. Cela rappelle les plus beaux et les plus naturels procédés des grands écrivains. Monsieur Debrabant leur ressemble çà et là par certains détails, mais c'est sans s'en douter ; il est à cent lieues d'être *auteur*, pour rappeler un mot célèbre de Pascal.

Le 23 mars 1867, il décrit ainsi l'idéal admirable autant qu'aimable de la religieuse telle qu'il l'entend et la conçoit. « L'humilité religieuse, cette vertu qui vous est enseignée à la fin de votre *livre d'Office*, est tout à fait opposée à cette funeste recherche de soi-même ; lisez donc souvent ce petit traité de l'humilité religieuse ; vous en comprendrez les avantages ; cette vertu vous portera de plus en plus à la pratique de la vie intérieure et du silence qui vous est si recommandé ; elle vous fera aussi apprécier davantage la belle vertu de chasteté en vous faisant éviter généreusement tout ce qui pourrait vous exposer à la perdre et à la ternir ; afin que vous soyez véritablement anges gardiens de pureté auprès des enfants qui vous sont confiées. Pour arriver à cette perfection, mes bien chères filles, il faut avoir une piété bien entendue et non pas cette piété fausse qu'on fait quelquefois consister dans des vœux plus étendus que ceux que l'on a déjà... » *Des anges gardiens de pureté auprès des enfants*, quelle charmante et touchante expression ! Comme elle est vraie, conforme à la réalité, et comme elle est de nature à relever dans l'estime de ses filles leur vocation de religieuses éducatrices de l'enfance et de la jeunesse !

Il explique ainsi une de ces vertus de l'idéal de la Sainte-Union : « Le silence consiste non seulement à s'abstenir de parler inutilement, mais encore à ne pas chercher à savoir ce qui se dit et se fait, ni à écouter les commérages et les porte-nouvelles qui ne sont propres qu'à effrayer, à détourner du bon Dieu à qui seul nous devons avoir recours et en qui seul nous devons mettre notre confiance (8 septembre 1870) ». Et c'est dans un moment tragique, après les grands revers, et quand déjà hélas ! le sort de la guerre est décidé, qu'il parle ainsi. Il adapte aux circonstances son enseignement ou sa direction.

Les vertus religieuses ainsi adaptées prennent plus d'importance, paraissent plus belles.

Dans ces vertus, dans les sacrifices, dans le sacrifice perpétuel qu'implique la vie religieuse, consiste le bonheur, le vrai, le seul d'ici-bas qui soit pur, qui soit un avant-goût de celui du ciel. Il ne manque pas de le décrire, de l'expliquer, de le louer, d'en féliciter ses chères filles. Auprès du bonheur de la vie religieuse, qu'est le prétendu bonheur du monde ?

« Oh ! que vous êtes heureuses, vous dirai-je en considérant les tristes temps actuels, d'avoir quitté le monde pour vous donner à Dieu et vous conserver à son service dans lequel se trouvent la paix et le seul bonheur en cette vie ! Aussi je vois avec une indicible consolation que vous répondez à cette faveur par votre piété, votre courage et votre dévouement dans l'œuvre du salut de la jeunesse (13 février 1872). » *Votre courage*, voilà un mot qu'il n'a pas écrit souvent ; la chose était souvent implicite, le mot manquait ; on le trouve ici avec plaisir comme exprimant à la fois plusieurs vertus et les exprimant à un degré fort élevé au-dessus du commun ; la vie religieuse à un certain degré n'est-elle pas égale et supérieure au plus beau courage humain ? N'est-ce pas une des choses humaines qui font le plus d'honneur à l'humanité ?

« Allons donc, mes bien chères et excellentes filles, que toutes vos maisons deviennent autant de Paradis habités par des anges de charité, de piété, de zèle et d'humilité, par de dignes enfants de Marie et de dignes épouses de Jésus-Christ (10 avril 1848). » *Autant de Paradis* ; on ne peut exprimer ou peindre plus fortement et plus vivement le bonheur idéal d'une vie religieuse dans tout le sens de ce mot. Cette expression de Monsieur Debrabant deviendra propre à ses filles, sans doute parce qu'il l'a répétée souvent par écrit et de vive voix ; nous la retrouvons souvent sous la plume de la Mère Éléonore et de la Mère Joséphine. Par son action, il a communiqué à ses filles, il a fait passer dans l'esprit de ses filles l'idéal qu'il portait dans son esprit ; entre autres preuves, nous avons ce mot. Elles pensent comme lui ; il est naturel qu'elles parlent comme lui.

Quelle joie quand il voit cet idéal réalisé, au moins en partie ! Et en quels termes éloquents cette joie s'exprime ! C'était assurément la plus vive et la plus pure joie qu'il pût éprouver ; ne nous étonnons pas de retrouver dans son expression cette éloquence dont nous avons parlé au début de cette étude, mais que nous avons senti frémir ou vibrer en tant de phrases que nous avons citées, de toute époque, en toutes circonstances et sur tout sujet : « Soyez mille fois bénies de Dieu pour les bonnes dispositions que vous venez de m'exprimer à l'occasion de ma fête. J'espère que vos pieuses promessses, tant de fois réitérées et si ardemment confirmées, porteront leurs fruits... Que la vraie charité et votre union en Notre-Seigneur s'accroissent chaque jour par la fidélité à votre Règle et par votre zèle pour la gloire de Dieu et le salut des âmes. Vous devez en sentir le besoin, mes chères enfants, en considérant les malheurs du temps, les maux de l'Église, notre Mère, et la désolante affliction du Souverain Pontife, ce Père si aimé qui se trouve captif dans le Vatican et entouré d'ennemis, comme autrefois les deux grands

Apôtres enchaînés dans les prisons de Rome (6 avril 1872) ».

La prospérité si évidente, si éclatante de La Sainte-Union, malgré tant de traverses et d'épreuves, est, dans les derniers temps, sa grande consolation, disons sa juste récompense. Il en parle, au moins incidemment et indirectement, à ses filles, pour les encourager. « Vous vous rendrez agréables à Dieu et ferez une sainte violence au ciel pour en faire descendre la miséricorde et la bénédiction sur notre Mère, la sainte Église, sur notre Saint Père le Pape, sur tous les peuples et sur nous-mêmes, sur les 900 religieuses et les 33.000 élèves de La Sainte-Union des Sacrés-Cœurs. » Il parle ainsi le 6 août 1872. Un jour, dix-neuf ans auparavant, il avait dit : « N'oubliez pas, mes bien chères filles, qu'en fêtant aujourd'hui celui que vous appelez du nom de Père comme il vous appelle toutes du nom de ses chères et bien aimées enfants, vous ne devez rapporter qu'à Dieu seul toute gloire et toute louange (juillet 1853). » Ce sentiment, on peut croire qu'il l'a eu toute sa vie. Dans sa volumineuse correspondance nous n'avons pas trouvé la plus légère trace d'un sentiment où il y eût même une apparence ou une ombre d'orgueil, de vanité, de vaine complaisance.

Un de ses graves soucis, on le devine aisément, a dû être, a été le recrutement de sa Congrégation. Il l'a communiqué à ses filles ; il en a fait un devoir pour ses filles ; il s'en est servi comme d'un moyen pour accroître la vertu de ses filles.

« Je vous engage instamment, écrit-il le 22 janvier 1848, à redoubler de zèle et de dévouement envers la Congrégation... pour donner à notre noviciat de bons sujets ; vous y réussirez si vous vivez saintement..., et vous trouverez partout des vocations entre vos mains ; vous aurez même le mérite de les avoir formées ou cultivées, soit dans vos anciennes élèves, soit dans d'autres jeunes personnes qui, à la vue de vos bons exemples, de l'union, du bon accord, de la piété, de la paix et du bonheur qu'elles auront remarqués parmi vous, se seront, dis-je, senties pressées d'entrer dans votre cher Institut qui leur représente le Paradis de la terre... »

Un autre jour (9 janvier 1858) : « J'aurais cependant un nouveau témoignage de satisfaction à vous demander, lequel, j'espère, vous vous efforcerez de m'accorder, c'est de vous faire toutes de saintes et pieuses maîtresses de novices, parmi les jeunes personnes qui fréquentent le couvent le Dimanche et parmi vos anciennes élèves. »

Ce zèle pour le recrutement de sa Congrégation est le dernier trait de caractère que nous puissions observer dans la correspondance de Monsieur Debrabant. Ainsi s'achève son portrait. Un jour il écrivait (23 juin 1870) : « J'ai toujours, voulu vous être utile en vous écrivant. » Après cette revue et cette étude, nous en sommes pleinement persuadés. Il a voulu être utile. Il n'a voulu que cela. Il l'a voulu de toute son âme. Tout le reste, tout désir de plaire, tout agrément, tout mérite littéraire, a été subordonné à cette fin suprême. Vouloir être utile à sa Congrégation, vouloir lui faire du bien, pour faire du bien par elle à un nombre d'âmes toujours grandissant, ce fut sa grande passion. Noble passion des plus saints. C'est elle qui rend si intéressantes les lettres de Monsieur Debrabant, même les plus dénuées d'intérêt en apparence. Une âme de prêtre tendre, ferme, énergique, zélée au plus haut degré, ne rêvant que le bien, s'y révèle et s'y montre en pleine lumière. Personne ne s'est moins soucié de ce qu'on appelle l'art, et pourtant, çà et là, en bien des détails, sans s'en douter, son expression, portée par de grandes idées et de grands sentiments, animée du souffle le plus pur, a une vraie valeur d'art. Ce n'est pas par là qu'elle vaut ; cela n'est qu'exceptionnel et nous en faisons volontiers bon marché. Toute cette correspondance a une grande, une extraordinaire valeur morale ; c'est l'impression qui doit nous rester.

Le portrait que nous avons tracé d'après cette correspondance, s'accorde avec le portrait que nous avions tracé d'après des témoignages. Dans ce second portrait, comme il est naturel, il y a moins de traits que dans le premier. Une correspondance ne peut pas tout révéler. Elle ne révèle que par hasard ce qu'un homme ne peut pas ne pas montrer de son caractère, ce que peut-être Monsieur Debrabant eût caché s'il avait prévu qu'un jour sa correspondance pût devenir publique. Au moins les traits principaux, ceux que nous avions remarqués, admirés, dont nous avions été touchés dans le premier portrait, sont-ils mis bien en relief et en évidence dans le second, par un grand nombre de textes significatifs et caractéristiques : l'éloquence, la bonté, la tendresse, l'énergie, l'esprit de foi, le sens de l'éducation, le talent d'éducateur, le zèle du fondateur de La Sainte-Union, éducateur et directeur d'âmes de religieuses, elles-mêmes éducatrices.

Le voici proche de la mort, dans les douleurs et les angoisses qui ont achevé de le sanctifier. Quelle fin touchante et émouvante !

Il écrit le 22 juillet 1875 : « Quant à moi, je ne demande que l'accomplissement de la sainte et unique volonté de Dieu. Me voilà dans une vieillesse déjà bien avancée ; ma grande occupation doit être de me préparer à l'éternité. Plus ce temps est court, plus il est précieux et plus nous devons l'employer

saintement... » Et le 12 juillet 1877 :
« Je vous suis bien reconnaissant des
prières que vous avez faites pour moi,
mes bien chères enfants ; je vous en
demande la continuation, à condition
que vous penserez avant tout à mon
salut éternel ; car ma longue maladie et
mon âge avancé ne me laissent plus devant
les yeux que mon éternité. »

Le cardinal Régnier, archevêque de
Cambrai, nous le savons, nous l'avons vu,
s'était toujours vivement intéressé à lui,
le tenait en très haute estime, l'honorait
de son amitié. Il ne le délaissa pas dans
les peines de la fin. Monsieur Debrabant
eut recours à lui comme à un père très
bon. Le cardinal fit ce qu'il put pour le
rassurer, pour le soulager. Nous avons de
Monsieur Debrabant une lettre émouvante
au cardinal, datée du 22 juin 1879 ; elle
nous renseigne admirablement sur ses
sentiments dans ces derniers mois de
sa vie, quand il avait la mort bien en vue.
Il lui disait :

« Éminence,

Je suis enfin sorti de ma position ténébreuse et plus que douloureuse. Mes

directeurs spirituels, surtout le bon et savant prieur des Bénédictins m'a dit et répété que c'était une épreuve par laquelle je devais passer. Mgr de Lydda était du même avis ; mais je suis encore effrayé en me rappelant cette horrible situation.

Daigne le Dieu très bon et toujours miséricordieux me préserver à l'avenir de pareilles angoisses ! Je n'oserais pas, je ne pourrais pas même les décrire. Les peines que j'ai éprouvées me sont venues par la permission de Dieu, sans doute, mais il y a aussi des causes extérieures qui ont servi les desseins de la Providence ; car, me voyant dans l'impuissance d'être encore utile à mon cher Institut, et, repassant la série de nos anciennes tribulations, les dangers qui ont plusieurs fois mis La Sainte-Union à deux doigts de sa perte, je me suis figuré encore présents ces mêmes dangers, je les ai ressentis d'autant plus vivement que mes longues insomnies et le repos forcé auquel j'étais condamné laissaient à ces tristes images le temps de se graver dans mon esprit ; le passé, le présent et l'avenir s'unissaient pour m'accabler. Les noires calomnies dont j'ai tant souffert autrefois se représentaient comme devant avoir des conséquences immédiates et malheureuses pour mon cher Institut et pour moi-même ; ce qui achevait de m'accabler, c'est que Votre Éminence elle-même me semblait prêter l'oreille à ces infamies et se disposait à me traiter avec rigueur. Je perdis alors toute confiance, car Dieu semblait m'abandonner aussi ; je ne voyais plus rien qui pût me rassurer... Je souffrais horriblement et ce que je souffrais était mille fois pire que la mort. Dieu soit béni ! Il n'a pas permis que je succombasse au désespoir. Qu'il daigne me pardonner toutes les fautes de ma vie, comme j'ai pardonné, depuis longtemps, tout le mal qu'on nous a fait, et comme j'oublie volontiers les tortures indicibles qui en ont été la conséquence ; Dieu les fera servir, je l'espère, à sa gloire et à mon salut. » Compassion et admiration, voilà bien les sentiments qu'inspire une telle lettre. Nous apprenons par une dernière lettre, à la fin de sa vie, combien il a souffert dans toute sa vie. Quelle force dans l'expression de ces souffrances !. *Les noires calomnies dont j'ai tant souffert... Je souffrais horriblement et ce que je souf-*

*frais était mille fois pire que la mort...
Les tortures indicibles...* Nous le devi-
nions, nous le savons par lui. Il a pardonné,
il a oublié. Mais ces souvenirs ont été pour
une part dans les tourments de la fin,
exagérés et déformés par l'imagination.
*Le passé, le présent et l'avenir s'unissaient
pour l'accabler.* Il n'a pas succombé sous
ce fardeau. Il en remercie Dieu. Il espère
qu'il fera servir toutes ces peines à sa
gloire comme au salut de celui qui les a
endurées. Au moins est-il sorti pour le
moment, de cette *position ténébreuse et
douloureuse.* Cette lettre est une des plus
belles que Monsieur Debrabant ait écrites ;
il l'a écrite dans la période la plus pénible
de sa vie. Elle prend, de la gravité, de la
solennité de l'heure, un surcroît de beauté.
Elle méritait d'être lue avec soin et com-
mentée, comme un document de premier
ordre, sur un état d'âme singulier, extraordinaire, qu'il importe de bien connaître
pour achever de connaître Monsieur Debrabant.

La dernière lettre de Monsieur Debrabant à ses chères filles est datée du 2
août 1879. Il leur disait : « Soyez mille
fois bénies, dans les Saints Cœurs de Jésus

et de Marie, mes bien bonnes et chères filles. Malgré la longue maladie qu'il a plu au Seigneur de m'envoyer, je n'ai cessé de penser à vous et de m'occuper de votre chère Congrégation ; chaque jour je la recommande à Dieu dans mes prières et dans mes communions. » Les Constitutions de La Sainte-Union ont été approuvées le 18 décembre 1877. Il a eu cette dernière grande joie. Depuis lors, quoique malade, il a travaillé à *faire entrer* dans ces Constitutions les *animadversions* ou remarques demandées par le Saint Siège. Ce long travail est terminé et il annonce à ses filles l'édition définitive de ces Constitutions. Il finit cette lettre circulaire très courte par ces mots : « Je ne puis terminer..., sans vous remercier de tout cœur, mes bien chères enfants, des bonnes prières que vous ne cessez de faire pour le rétablissement de ma santé. Dieu m'est témoin que je ne désire cette grâce que pour employer le reste de mes jours à son service et à l'affermissement d'une Congrégation que je n'ai fondée que pour sa gloire et le salut de la jeunesse. J'ai confiance dans vos bonnes dispositions, mes chères enfants, et vous bénis

de toute mon affection paternelle dans
les Sacrés-Cœurs de Jésus et de Marie. »

Tel fut l'adieu de Monsieur Debrabant.
Ce touchant adieu exprime une dernière
fois les plus beaux sentiments de sa vie.
Il est digne de toute sa vie.

TABLE DES NOMS PROPRES

TABLE ANALYTIQUE

On entreprend, dans cette première partie, de tracer le portrait de M. Debrabant d'après les témoins les plus dignes de foi ; comparaison avec un procès de canonisation, 7. — Le portrait physique de M. Debrabant ; la vivacité du regard, la parole ferme et incisive, les gestes expressifs, en particulier, 9. — Mgr Adrien Huckinson, témoin, parle du grand respect qu'il inspirait à Rome ; le prestige de cet homme si simple d'aspect, 9, 10. — Un portrait général ; il avait l'autorité, la hardiesse, la bravoure, 10. — Sévérité apparente seulement, 11. — En quelques lignes d'un témoignage, un résumé des grandes choses qu'il a faites, 12. — La somme de travail que cela suppose de sa part, 12. — Pour achever le portrait physique, sa belle voix de soprano, 13. — Son esprit d'ordre, 13, 14. — Son esprit d'économie, 14. — Comme il le recommandait à ses religieuses, 14, 15. — Il était très éloquent, 16 ; l'extraordinaire effet de cette éloquence, 17, 18. — La simplicité de M. Debrabant ; son dédain, son horreur pour le luxe, 19, 20. — Il avait le ton d'un homme

quand il voit son idéal réalisé, 120, 121 ; la prospérité éclatante de La Sainte-Union, une de ses grandes joies, 122 ; le zèle pour le recrutement de sa Congrégation, vertu qu'il a à un si haut degré et qu'il tâche de communiquer, 123 ; ce zèle, dernier trait de son portrait d'après sa correspondance, 124. Il a voulu, dans ces lettres, *être utile*, n'a voulu que cela, 124, 125. — Comme le portrait tracé d'après ces lettres s'accorde avec le portrait des témoignages, la seconde partie avec la première, 125. — La fin émouvante de M. Debrabant d'après les dernières lettres, 126, 127 ; une lettre particulièrement belle, une des plus belles, au cardinal Régnier, 127, 128 ; commentaire de cette lettre, 129 ; la dernière lettre circulaire de M. Debrabant à ses chères filles ; tout son cœur et toute sa vertu dans cet adieu, 130, 131.

Imp. Desclée, De Brouwer & Cie, Lille. — 32.96.